TEMPO DE CURA

MONJA COEN

TEMPO DE CURA

Como podemos nos tornar
seres completos, firmes e fortes

Copyright © Monja Coen, 2021
Copyright © Editora Planeta do Brasil, 2021
Todos os direitos reservados.

PREPARAÇÃO: Fernanda França
REVISÃO: Thiago Fraga e Nine Editorial
PROJETO GRÁFICO DE MIOLO: Regina Cassimiro
DIAGRAMAÇÃO: Nine Editorial
CAPA: Rafael Brum
IMAGEM DE CAPA: 3dsculptor/Adobe Stock

DADOS INTERNACIONAIS DE CATALOGAÇÃO NA PUBLICAÇÃO (CIP)
ANGÉLICA ILACQUA CRB-8/7057

Coen, Monja

Tempo de cura / Monja Coen. – São Paulo: Planeta, 2021.

160 p.

ISBN 978-65-5535-326-6

1. Técnicas de autoajuda 2. Zen-budismo 3. Cura - Aspectos religiosos 4. Bem-estar 5. Autoconhecimento I. Título

21-0920 CDD 158.1

Índices para catálogo sistemático:
1. Técnicas de autoajuda: Zen-budismo

2021 Todos os direitos desta edição reservados à
EDITORA PLANETA DO BRASIL LTDA.
Rua Bela Cintra 986, 4º andar – Consolação
São Paulo – SP CEP 01415-002
www.planetadelivros.com.br
faleconosco@editoraplaneta.com.br

Carta ao leitor

Tempo de curar.
Tempo de cuidar.
Tempo de restaurar.
Tempo de mudar o curso das doenças.
Tempo de resgatar a integridade.
Tempo de nos tornarmos seres completos, firmes e fortes.
É preciso sanar os males do mundo.
Houve cisões, embates, divisões e lesões profundas no tecido social.
Da mesma forma que a pandemia do coronavírus causou, e continua causando, patologias e deixando sequelas.
Sequelas das polaridades políticas, do ódio e das guerras.
Sequelas da Covid-19.
Físicas, mentais, sociais.
O processo da cura depende de muitos fatores.
Depende do equilíbrio orgânico de cada ser humano e de todo o planeta.
Sem perder as características de cada etnia, de cada cultura, de cada grupo, é preciso reconhecer que estamos interconectados a tudo e a todos.
Para que o mundo se transforme, cada um de nós precisa se transformar, reconhecer e fazer as escolhas adequadas.

Fortalecer e mudar o curso do que nos afeta, machuca, fere, difere, separa, divide.

Mas é preciso retornar ao corpo uno e diverso, múltiplo.

Restaurar relacionamentos internos e externos.

Cuidar, com respeito e dignidade, da vida que é a de todos nós.

Eu não posso curar você.

Qual é o seu mal?

Você deve procurar por si mesmo.

Observe, medite, sinta.

Posso mostrar caminhos de mudança.

Mas só você poderá caminhar ou não.

Aceitar ou não o que escrevo e sugiro.

Deixo aqui algumas reflexões sobre as possibilidades da cura.

Cura que não é só pessoal, mas também social.

Cura que não é só física, mas também mental, espiritual.

Convido você a refletir comigo.

São pensamentos que fazem parte de um processo de múltiplos vetores que podem nos fazer repensar quais são os principais males e onde procurar remédios para nossas fragilidades.

Podemos acessar a sanidade.

É tempo de cura.

Mãos em prece,
Monja Coen

1

Saúde de são, de santa, de firme – que se opõe a enfermo, do latim, o "não firme". Estamos enfermos, porque perdemos nosso equilíbrio.

Brigamos, ofendemos, exigimos dos outros o que não nos podem dar.

Ficamos aflitos, ansiosos, temerosos.

Temos inimigos, desafetos, raivas, ódios.

Temos medo de tomar decisões, agir ou mesmo conversar sobre o que precisa ser falado.

Geralmente não conseguimos controlar nossos pensamentos e o que pensamos transborda, atingindo outras pessoas.

Não saímos do sofá ou de uma cadeira.

Engolidos pela TV ou pelas redes sociais, deixamos de nos exercitar, de caminhar e até de pensar.

Tornamo-nos receptores de ideias e valores impostos pela repetição da propaganda.

Reclamamos das lideranças políticas, econômicas e administrativas incapazes de cuidar, restaurar da maneira de que gostaríamos.

Reclamamos de parentes, de amigos, de parceiras e parceiros, de sócios, de filhos, de avós e dos nossos pais.

A culpa é sempre da mãe – sua ou do outro.

A culpa é sempre de alguém ou até mesmo nossa.

Nesse último caso é pior.

Somos insuficientes, precisamos sofrer e pagar por nossas insuficiências.

Somos vítimas contumazes, nunca algozes.

Lamentamos muito, reclamamos muito e nos embriagamos com nossas próprias ideias ou com ideias emprestadas, roubadas.

Aprisionamo-nos na rede gigantesca e pegajosa da ganância, da raiva e da ignorância.

Vivemos em agitação profunda, sem perceber nossos limites ou os limites alheios, e acabamos ferindo, maltratando a nós e aos outros com excessos de toda sorte.

Angustiados, procuramos a liberdade como a mosca presa em uma teia de aranha. Quanto mais nos agitamos, mais enrolados e limitados ficamos.

Vamos afundando no lodo das desconfianças e dos desafetos.

Difícil nos livrarmos dessa gosma venenosa e contagiosa que pode matar ou danificar o bem, a empatia, o afeto, a ternura, o cuidado e a cura.

Entendemos logicamente, mas não conseguimos manter ações e projetos adequados.

Brigamos, viramos inimigos de antigos amigos e parentes, vizinhos e conhecidos.

Perdemos parcerias de negócios internacionais e nacionais.

Quem concorda comigo é do bem. Quem discorda é inimigo real ou imaginário.

Insulto, luta, extermínio, exclusão do meu mundo – soluções errôneas aumentam os conflitos.

Há desafetos entre pessoas próximas e até mesmo com desconhecidos distantes.

Prejudicamos populações e o meio ambiente para defender interesses de grupos poderosos.

Ar, água e solo poluídos, contaminados, cobertos de plásticos e agrotóxicos, venenos e vírus inalados causadores de doenças pulmonares graves.

Aquecimento global, geleiras derretendo, os níveis dos mares aumentando e ameaçando ilhas e cidades costeiras.

O abuso do desmatamento facilita incêndios provocados ou naturais e impede a formação de chuvas salvadoras.

Não está fácil.

Respire.

Sei que muitos não acreditam, mas a respiração consciente é um dos medicamentos necessários para o equilíbrio, o autocontrole, o discernimento correto.

Basta que alinhe a coluna vertebral e a cervical.

Sem tensionar.

Apenas sinta o alongamento.

Perceba que, quando a caixa torácica se expande, o oxigênio entra.

Não force a inspiração.

Há um breve instante de pausa, um intervalo mínimo entre inspirar e expirar.

A expiração é ativa.

O ar deve sair o mais lento possível.

Uma expiração longa e controlada...

Procure fazer esse exercício de tempos em tempos.

Algumas pessoas fazem de hora em hora.

Outros quando se sentem ameaçados ou amedrontados.

Alguns quando estão em dúvida.

Outros quando estão felizes e alguns sempre que se lembram.

É uma forma física e simples de encontrar o seu eixo, o equilíbrio que permite a resposta adequada à situação.

Ela ajuda a evitar conflitos, mas sem deixar de se colocar de forma assertiva.

Quando eu era jovem e morava em Hollywood, na Califórnia, iniciei minhas práticas meditativas no Zen Center de Los Angeles. Era orientada pela Monja Charlotte Joko Beck. Estava vivendo uma fase difícil, com o término de um relacionamento de oito anos, em que brigávamos muito. Minha orientadora recomendou que eu observasse os sentimentos que passavam por mim durante uma discussão. Que eu fosse capaz de respirar conscientemente e colocar minhas mãos palma com palma. "Mas não o faça literalmente. A pessoa pode achar que é um desaforo. Apenas se lembre de que quem provoca sua raiva, na verdade, torna-se seu mestre. Você poderá perceber seus pontos sensíveis. Agradeça internamente e não reaja. Aprenda a responder. Como? Respirando conscientemente."

Deu certo.

Acabamos nos divorciando, sem raivas, sem rancores, sem culpar um ao outro. Pudemos nos distanciar com respeito e ternura. Diferentemente dos meus relacionamentos anteriores, que sempre terminavam de forma abrupta ou violenta.

A respiração consciente nos coloca em contato conosco, com o que estamos sentindo e podemos escolher nossas respostas às provocações do mundo. Reencontramos o equilíbrio respiratório, físico e mental.

"Ser equilibrista é mais importante que ser equilibrado", ensinava José Angelo Gaiarsa, psiquiatra libertador de amarras mundanas, importante na minha adolescência.

Estamos sempre nos reequilibrando, fluindo, transformando e sendo transformados.

Há situações que nos tiram do nosso eixo, mas, se experimentamos esse eixo, é mais fácil voltar a ele.

Quanto mais praticarmos olhar em profundidade e respirar conscientemente, mais rápido retornamos ao ponto de equilíbrio.

Como um João Bobo ou um boneco Daruma, aqueles vermelhinhos, japoneses, que têm uma base arredondada com chumbo por dentro. Empurrados para um lado, vão até quase o chão, mas voltam ao centro.

A vida nos empurra, algumas vezes para a alegria e outras para o sofrimento, mas se reconhecermos um espaço central, vazio de si mesmo, pleno, simples, agradável, singelo, silencioso e tranquilo, não seremos derrubados ou aprisionados pelas depressões ou pelos prazeres.

Precisamos encontrar o ponto de equilíbrio.

É sutil, delicado.

Quando o encontramos, o impossível se torna possível.

Paciência e resiliência – treinamento de atenção plena, autoconhecimento, respiração consciente.

No equilíbrio há quietude e tranquilidade, harmonia em atividade.

Por isso é necessário estar atento, perceber se sua forma de pensar é sábia ou tola.

O caminho da cura começa quando buscamos conhecer a nós mesmos e a meditar.

Será que algum dia eu iria encontrar a cura para as dúvidas, os males e as dores que me afligiam?

Era mais fácil beber.

Embriagada e anestesiada, fingia estar tudo bem.

Uma faca enfiada na madeira da escada.

Uma corda pendurada para enforcar.

Palavras grotescas pichadas nas paredes.

Um campo minado.

Um campo de guerra.

Assim era meu relacionamento com um companheiro.

Certa manhã, depois de ele sair para ir trabalhar, vesti minha camisola especial de cetim e rendas.

A camisola da minha noite de núpcias.

Fechei as venezianas da casinha alugada.

Deitei-me para morrer.

Cansada.

Cansada do drama, do excesso de álcool, dos abusos morais e sexuais, das traições, do confrontar incessante.

Era jovem, jornalista profissional.

Estava exposta aos crimes, assaltos, cavalarias nas ruas, gás lacrimogêneo, estudantes em passeata.

Cada dia um novo dia.

Para onde iria?

Não!

Chega de insultos.

"Meu mundo caiu", dizia a música de Maysa Matarazzo, com quem me identificava.

Morrer, dormir, sonhar – quem sabe?

Adormeci.

Acordei em uma maca hospitalar.

José Angelo Gaiarsa estava ao meu lado, junto ao meu companheiro de afetos e desafetos.

Pela primeira vez vi Gaiarsa bravo. Gentil, falava baixo, mas seus olhos mostravam o desapontamento com a minha decisão. Conversamos brevemente e ele sugeriu: "Você quer dormir? Está cansada de tudo? Que tal passar uma temporada em uma clínica e descansar bastante?".

Eis uma boa ideia, pensei.

Do hospital em que estava – não sei onde ficava – fui levada à clínica, que também não sei onde era.

Lembro-me de dois colegas de redação que foram me visitar no hospital, preocupados. Um deles era Fernando Mitre, que agora vejo na Band, de cabelos brancos.

Quanto tempo teria ficado na clínica? Não sei.

Lembro-me vagamente de um médico jovem, tão diferente do Gaiarsa, querendo catalogar o distúrbio mental que eu deveria ter, por haver tentado o suicídio. Era insuportável. Tentar colocar em um quadrado o que era circular, redondo, indeterminado, sem nome fixo ou diagnóstico definitivo.

Recentemente, ao procurar dados de Michel Foucault, descobri que ele também tentara suicídio na juventude.

Reconfortante?

Meu discípulo, Monge Yakusan, médico de família e comunidade, além de professor universitário em Porto Alegre, relata sobre pessoas simples que ele visita, conhece, dá recomendações, alimenta, medica, cura e que algumas vezes vê morrer.

Será que a morte também é cura da vida?

Será que lutamos para não morrer ou procuramos a morte digna?

Há tantas maneiras de viver como há de morrer.

A morte é a cura da doença da vida?

Fomos tantos. Somos tantos, os desesperançados, desesperados, cansados, querendo sair, desistir, se entregar.

Alguns conseguiram e se foram.

Outros ficaram feridos, com sequelas físicas ou psíquicas.

Há também aqueles que continuam tentando morrer e os que aceitaram viver.

Ainda assim, deixamos passar a dor.

Agora apreciamos a vida.

Assim como é.

2

    Residi durante alguns anos em um templo chamado Fujidera, no Japão, nas proximidades do Monte Fuji. Fuji significa "não dois", único, ímpar. Dera quer dizer "templo". O caractere japonês para Monte Fuji é outro, significa "fartura da terra". Esse Fuji de "não dois" se referia também a grupos de eremitas que residiam nas encostas e nas grutas do Monte Fuji e eram procurados por aristocratas, políticos, guerreiros, para que os orientassem em suas batalhas e/ou conquistas. Eram religiosos que consideravam o monte sagrado. No passado, subir a Montanha Sagrada da Abundante Terra, como Fuji era conhecido, era uma prática espiritual, e não esportiva.

    Por duas vezes subi o Monte Fuji. Na primeira fui sozinha, no meio da noite. Estava dormindo e sonhei que morria, que estavam fechando meu caixão. Na verdade, participei de tantos ritos fúnebres no Japão que a imagem de um parente próximo batendo com um martelinho de ouro em um prego dourado para fechar a tampa do caixão, acima da cabeça do morto, era bem diferente da lembrança que eu tinha do que fazemos no Ocidente. Acordei com um ruído na janela. Eu não havia fechado a veneziana. Morava sozinha, longe de qualquer outra casa.

A luz da lua cheia iluminava todo o pequeno aposento. Acordei e pensei: *Se vou morrer, o que quero realmente fazer antes disso?* Subir a Montanha Sagrada, considerada uma deusa de longos cabelos brancos. Fui – sem saber o que me esperava. Não cheguei ao topo. No caminho pensei que iria morrer e me sentei para falecer sobre uma pedra, olhando a vista maravilhosa daquele lugar, quando passou uma família por mim, com uma criança correndo. Levantei-me e continuei até o amanhecer.

Aliás, essa sensação de que "talvez seja aqui o local para minha morte" aconteceu duas vezes em duas montanhas. A primeira, quando eu era bem jovem, em Aberdeen, na Escócia. Um grupo de amigos escoceses me convidou a caminhar por uma montanha coberta de neve. Emprestaram-me sapatos e roupas e fomos subindo. De repente tudo ficou branco, branco. Não havia mais referenciais. A luz do sol refletia na neve, que brilhava e ofuscava. Era lindo. Um dos rapazes do grupo, percebendo que estávamos perdidos, começou a chorar. Pensei comigo: *Morrer num lugar tão lindo... Que seja*. Nisso passaram algumas pessoas que nos indicaram a saída – há muitas subidas e descidas em montanhas.

A segunda vez foi no Monte Fuji e novamente tive a mesma sensação de que estava tudo bem: *Se for aqui, que seja*. Ainda não era. Subi até uma plataforma com muitas pessoas. O sol nascia e me senti abençoada pela vida que dividíamos naquele momento. Simultaneamente juntamos as mãos, pelo sol e pela Montanha Sagrada. Todos nós, palma com palma, silenciosamente agradecemos.

Depois desci pelo lado errado. Tive dificuldades em voltar, perdi uma atividade religiosa no templo Kirigaya, em Tóquio, onde o abade Kuroda Roshi me esperava. Não havia celulares. Consegui ligar de um telefone público e só cheguei lá na manhã seguinte. Aventuras espirituais...

Fuji me ensinou a ser "não dois" com a vida, a morte, o vento, a sorte, a grama, o poste, a vizinha, a cobra, as hortênsias e os Budas. Tive inúmeras experiências nesse templo, que era pequeno, mas depois ficou maior, com a construção de um salão.

Lá eu morava como se estivesse em um mosteiro, seguindo a mesma rotina. Lia muito, estudava e preparava trabalhos de graduação como monja especial. Era agradável. Muitas vezes, depois de ler vários capítulos de textos sagrados, sutras, comentários, eu me sentava em zazen e aguardava que minha mente, no seu mais íntimo, processasse as informações. Só depois escrevia. Muitas vezes também meditava antes de ler.

Meus companheiros e companheiras eram pássaros, insetos, árvores. Duas vezes cobras que me assustaram com sua visita, mas eram inofensivas. Trabalhava muito fisicamente, limpando, varrendo, passando pano, cortando flores, podando, queimando tabletes memoriais enormes. Essa queima era feita em um grande buraco ao fundo do terreno, onde eu rezava enquanto os objetos se tornavam fogo. Que todos os seres se beneficiem.

É importante encontrar o estado de não dualidade.

Nem um, nem dois.

Tornar-se uno com o tempo, com a lua, com as faces e as fases de si mesmo e da vida – isso é prática zen.

Sem dentro nem fora e, ao mesmo tempo, dentro e fora.

Entender que somos o tempo.

Que experiências místicas sutis e profundas são imperceptíveis, invisíveis ao olho comum.

Nós só as percebemos depois que aconteceram.

No momento em que estamos absolutamente presentes e completos, nem percebemos que assim estamos.

Encontramos um equilíbrio mágico, perfeito.

Onde nada falta e nada excede.

E tudo está interconectado.

Mas há pessoas que se acham imbuídas de poderes extraordinários.

Na verdade, estão cada vez mais longe do verdadeiro caminho.

Não deseje nem imagine que está desenvolvendo poderes místicos especiais.

Apenas não crie obstáculos, não interfira nos processos simples e naturais de comunicação a distância.

Reconheça, deixe acontecer.

É comum a todos nós, seres humanos.

Se quiser pegar, segurar, apossar-se estará emaranhando-se em suas próprias intenções e perderá o momento.

O ponto de virada.

Não o perca.

Seja.

Transforme-se em você mesmo, ser humano simples e complexo, sagrado e profano.

Dizemos que só Budas reconhecem Budas e que apenas Budas transmitem a Budas o estado desperto, iluminado.

A aparência da pessoa não se modifica, mas interiormente houve uma grande mudança.

Buda significa alguém que vê a realidade assim como é, percebe a lei de causa e efeito, entende que tudo está interligado e em constante mudança.

Reconhece que não há um eu permanente, mas há um estado de graça, chamado nirvana.

Nirvana é a extinção das oscilações da mente.

É a tranquilidade da entrega e da confiança, da aceitação e da gratidão.

É um estado de sabedoria amorosa.

Segundo os ensinamentos de Buda, o estado de nirvana pode ser alcançado por meio de um caminho de oito aspectos:

1 Compreensão correta
2 Pensamento correto
3 Ponto de vista correto
4 Fala correta

5   Meio de vida correto
6   Ação correta
7   Esforço correto
8   Meditação correta

Esses são meios hábeis, pois todos podem ser percebidos nos processos meditativos, quando penetramos a essência e a reconhecemos em nós e em tudo que existe.

E há perguntas que devemos nos fazer para testar nossa compreensão desses oito aspectos:

1   Será que compreendemos corretamente quem somos, o que estamos fazendo com nossa vida e o que poderíamos fazer?

2   A nossa maneira de pensar é clara e transparente ou nos perdemos em redemoinhos sem sentido? Quem nos ensinou a pensar? Pensamos palavras, imagens?

3   Nosso ponto de vista é correto ou somos conduzidos e manipulados a ter pontos de vista que distorcem a realidade e causam conflitos e dores?

4   A nossa fala é macia e amorosa? Leva os seres à verdade e ao caminho?

5   Qual é o nosso meio de vida? Cuidamos de trabalhar cooperando com nossos colegas? Não abusamos de nenhum outro ser nem o exploramos? Somos capazes de conviver em harmonia e respeitar outras formas de vida?

6   Somos capazes de agir adequadamente às circunstâncias, sem exagero e sem faltas?

7   Fazemos esforço para atingir nossas metas corretamente ou nos esforçamos na direção oposta aos nossos propósitos?

8   Meditamos sem nenhuma expectativa de ganho ou queremos ter poderes especiais?

São perguntas importantes para desenvolver reflexões capazes de restaurar e dar vida à própria vida.

E de curar.

Acorda, pequenino, acorda.

Não se deixe enredar nem se anestesie com drogas.

É tão fácil nos contaminarmos. É difícil se libertar.

Estamos nos aproximando do tempo da cura.

As vacinas estão chegando e em todo o mundo pessoas já estão sendo imunizadas, inclusive no Brasil. Quando todos nós estaremos imunes?

Imunes aos vírus e às maldades.

Houve um momento em que nos percebemos irmanados e solidários.

Foi breve.

Como um raio de luz que surgisse entre as nuvens carregadas e nos lembrasse de que há sol, calor, possibilidades.

Fomos bondosos, agradecemos às equipes médicas, aos carregadores, aos motoristas, aos produtores de alimentos, aos lixeiros e garis, aos policiais e a todos que se expuseram para que pudéssemos nos proteger.

Depois desse breve instante, em que nos deslumbramos com o céu límpido, sem poluição, natureza festejando, pássaros cantando, peixes se aproximando, águas límpidas, ar puro e capacidade de afeto restaurada, logo nos esquecemos e voltamos a reclamar, despedimos os heróis e as heroínas de ontem.

Descartáveis como as máscaras, as luvas e os aventais.

Assim que nos sentimos mais refeitos e insatisfeitos de ficar no mesmo lugar, começamos a pensar no dinheiro, no lucro e, ao fechar hospitais, despedimos equipes de saúde sem aviso-prévio.

Nossos cantos e hinos de gratidão foram armazenados em nuvens distantes.

O trânsito de gente e de carros voltou forte.

Os noticiários encheram-se de violências e crimes de todos os tipos.

Esquecemo-nos da solidariedade, da fraternidade, do amor, da esperança, da equidade.

Tristeza, desemprego, medo e fome.

Assaltos, lutas, brigas dentro e fora de nós.

Esquecemos e nos enfurecemos contra tudo e todos.

Divórcios, separações, trancafiações.

Mergulhos nas redes sociais.

Compras para suprir o vazio interior.

Lojas abarrotadas de pessoas excitadas por ter e ter mais.

Algumas sem usar máscaras, sem se importar com o distanciamento social, foram recebendo e transmitindo o malfadado vírus.

Cresce o surto, e agora?

Hospitais de campanha foram desmantelados.

Refazer leitos e equipamentos.

Silêncio?

As ruas repletas de pessoas que não querem mais ficar reclusas.

Liberdade, sem austeridades.

Na Europa fecham escolas e bares.

Lojas e restaurantes.

Só artigos de sobrevivência.

Algumas pessoas precisam de compradores para seus produtos.

Sobrevivência.

Os preços sobem, os salários diminuem ou terminam.

E agora?

Queremos a cura.

Queremos as curas.

Oramos, meditamos, procuramos a tranquilidade e o equilíbrio.

Mas, qualquer dor de garganta, qualquer sintoma de fraqueza, e a dúvida chega: será a Covid-19?

3

Discernimento correto é um dos ingredientes para a recuperação e transformação de sociedades decadentes, desmoralizantes, excludentes e violentas.

É preciso diferenciar o certo do errado, o verdadeiro do falso, o correto do incorreto.

Mas há muitos níveis e variedades.

Vários tons de cinza.

Alguns aceitáveis, outros não.

O discernimento correto surge do despertar.

Buda significa aquele ou aquela que desperta.

Despertar é manter a capacidade de discernir corretamente o caminho benéfico.

Buda disse: "Como é surpreendente que todos tenham a capacidade de despertar e não saibam. Sem saber são levados pelo sofrimento.

Há sete fatores que facilitam o despertar:

1. Recordar-se da verdade, estar presente, atento.

Quando algo nos desvia do caminho podemos voltar a atenção às sensações do corpo, à respiração consciente e à presença pura e nos lembramos da verdade, que está e é em cada um de nós.

2. Observar em profundidade é ir além da aparência superficial.

Imagine uma sala de tatames. O que você vê? Se olhar em profundidade verá a plantação de arroz, sapos e cobras, as senhoras idosas debruçadas, as estações do ano, a colheita, a separação dos grãos e assim por diante, até a palha ser trançada e se tornar um tatame. Sem julgar, sem bonito ou feio, sem gosto ou não gosto. O que é.

3. Esforço adequado para atingir seus propósitos aumenta a energia vital.

Quando nos maravilhamos com a existência e nos esforçamos para atingir nossos objetivos, há um aumento de energia vital. Essa energia nos move em direção aos nossos propósitos. Não adianta se esforçar para estudar ou criar um propósito falso. É preciso perceber o que você gosta de fazer, se pode fazê-lo cada vez melhor e se consegue sobreviver trabalhando no que sabe, gosta e pode melhorar. Procure um esforço sem esforço. Como? Ora, o esforço sem esforço é quando você aprecia o que está fazendo e pode repetir inúmeras vezes sem se cansar, pois cada vez é divertido, agradável, prazeroso.

4. Tranquilidade de ter feito seu melhor, tranquilidade de sentir-se com o direito de não fazer nada.

Olhar o céu pela janela, apreciar o movimento das nuvens. Respirar conscientemente. Meditar por alguns minutos, sem cobranças. Estar apenas presente, descansado, calmo. Minha professora de ioga, Walkiria Leitão, dizia: "Deite-se agora como se não tivesse mais nada a fazer hoje".

5. Alegria e contentamento resultantes de pensar e presenciar coisas belas e boas em vez de só reclamar e não apreciar a vida.

Há tantas pessoas boas e cada nascer do sol ou da lua é único. Há estrelas e cometas, plantas e animais – até mesmo o tatu-bola, pequenino, que quando você toca vira uma bolinha, se abre e caminha em sua mão (fazendo uma leve cócega), se você ficar bem quieto.

6. *Samadhi*, o estado de meditação profunda, além das dualidades do eu e do outro, do dentro e do fora.

A palavra Samadhi, explica Thich Nhat Hanh em um de seus livros, pode ser dividida assim: *sam* quer dizer "junto", trazer para um determinado lugar e *dhi* é a "energia da mente". Podemos trazer a energia da mente, direcioná-la, dar foco. Mas é preciso trazer o foco da mente para a sabedoria suprema e a compaixão ilimitada. Não é *mindfulness*. *Mindfulness* pode ser praticada por um atirador de elite, inclusive para cometer um crime. Nas salas de zazen dos templos japoneses, geralmente há uma frase na entrada: "Zanmai-o-Zanmai" (Samadhi, Rei dos Samadhis).

7. Equanimidade, o estado em que a mente deixa de julgar a si e aos outros, considera todas as formas de vida com o mesmo valor, sem preferências, sem apegos e sem aversões.

Não é considerar todos iguais. É considerar que toda vida importa. Não somos iguais, mas semelhantes e nos reconhecemos em nossa semelhança e respeitamos nossas diferenças. A mente da equanimidade não se envaidece com elogios e prêmios, não se entristece com críticas e insultos. Também não é indiferente. É capaz de querer bem a todos e compreender seus comportamentos. É imparcial, mas atuante, usando meios hábeis para o despertar de todos os seres.

Uma vez desperto, é preciso trabalhar para se manter acordado.

Havia um monge zen, há muitos e muitos anos, que todos os dias, ao acordar chamava a si mesmo: "Zuigan!". E ele mesmo respondia: "Hai" (sim, em japonês).

"Você está aqui?", tornava a perguntar e "Hai", de novo respondia. "Então desperte. Não seja enganado por ninguém."

Nós podemos manter esse mesmo diálogo interior todos os dias.

Estar desperto e não ser enganado por ninguém, nem mesmo pelo nosso eu, por nós mesmos.

Eis uma boa prática para não sofrer desilusões.

A desilusão só ocorre se houver ilusão.

Quando uma pessoa está iludida ou foi iludida, ela não está desperta, está adormecida, sem clareza para ver, sentir, perceber e atuar.

Respire.

Você pode, eu posso, nós podemos.

Somos o passado e o futuro se manifestando no presente.

Somos seres desta era e dotados da capacidade para lidar com as situações desta era.

Inclusive com as pandemias e as vacinas.

O ódio e o preconceito.

A violência e as guerras.

A ansiedade e a desesperança.

As queimadas e o aquecimento global.

Se despertarmos, podemos alcançar a cura.

A dor fugiu com a cura, e o curador ficou de mãos vazias, olhos perdidos no infinito.

Olhos de peixe morto – embaçados.

"Levanta, menina, está na hora."

"Hora de quê?"

"De levantar."

"Para quê?"

"Para tomar café e ir para a escola."

"Não quero. Estou doente."

Os olhos de peixe morto assombram sua imaginação.

Essa dor tem cura?

Mas se ambas fugiram juntas...

Ou teriam se esgueirado separadas, como ectoplasmas atravessando portas, espaços, buracos de fechaduras.

Fechar com dureza. Duras fechas.

A fechadura tem um buraco, por onde curiosos espiam.

Na fechadura se coloca uma chave que tranca a porta.

Por isso é um fechar duro?

E quem espia pelo buraco da fechadura é um espião, um curioso, um brincalhão ou um ladrão, um mentiroso, um mascarado do bem ou do mal?

Lembro-me de um menino que às vezes ficava agitado e dizia:

"Hoje vou aprontar. Estou com vontade de aprontar."

E aprontava. Roubava, mentia, escondia.

Depois chorava. Será que se arrependia?

Gostava de brincar de ser bandido, de estar preso e eu ia visitar. Engraçado. Esteve preso como adulto, mas eu só soube depois que saiu da cadeia.

Cadeia de encadear, maltratar, reeducar – para o bem ou para o mal. Depende de cada detento, da reeducação e da capacidade de receber da meninada.

Curar dos vícios, das taras, da vontade de aprontar.

As palavras brincam comigo e eu as deixo brincar.

Afinal, elas têm mais poder do que eu mesma.

Corram, encontrem a cura e a dor, por favor.

E as palavras saíram voando e se perderam no azul.

Volta, volta, passarinho, fica perto de mim.

Até o dia que não voltou e eu chorei.

Depois passou.

Chorei tanto e tanto que não consigo mais chorar.

Já não me importa a cura nem a dor.

Tudo é como é.

Eu sou.

Retiro do fundo do armário o meu fantasma faminto.

Ele corre pelos cômodos abandonados de minhas memórias póstumas.

Quem se importa?

Nem eu.

Vamos adiante.

Há palavras pulsantes e palavras vazias.

Apenas palavras.

Letras acumuladas nos deixam ganhar na loteria?

Está na hora de procurar um curador, que seja curandeiro ou uma curadora responsável por um acervo ou uma instituição.

Quem instituiu a ação?

Tempo de chorar, de matar, de morrer.

Sem cura.

Na igreja todos foram visitar a sacristia, depois o confessionário. Estava não.

Atrás do altar, embaixo da mesa? Na hóstia sagrada? Na taça de vinho.

Uma gota escorreu, manchou a toalha branca de linho.

Para sempre.

Recolhe o lixo, menina, lava a cozinha.

Veja se consegue fazer melhor, sua burra.

E toma empurrão da embaixadora de seu país.

Em baixa, realmente estava a dona, que não era boa pessoa.

Mas queria dourar a pílula de Frei Galvão.

Vida morte Severina...

Sem água nem lágrimas há.

4

Todos os seres humanos podem ser santificados.

Desde que se comportem de forma santa.

São escolhas e treinamento, prática, palavras, gestos e pensamentos.

Mesmo quando ninguém nos vê, nós nos vemos.

Quando nós vemos, o mundo vê.

Nada se faz escondido.

Somos transparentes uns aos outros, mesmo aqueles que pensam estar enganando alguém.

Estão apenas tentando enganar a si mesmos.

O que é impossível...

Trabalhar, orar e vigiar.

A oração e a meditação são suficientes se você se observar em profundidade, a sociedade à sua volta e agir para transformar.

Vigiar para não cair em tentações.

Para manter a prática no dia a dia.

Para agir de forma adequada e beneficiar todos os seres.

Sair do eu menor, da vantagem que possa ter e participar da grande festa da vida.

Vigiar lembra vigia noturno, os antigos seguranças que passavam as noites acordados para nos proteger, para não serem surpreendidos por ladrões.

Na minha infância havia um senhor que andava pelas ruas do bairro, com boné preto e um casacão de lã. Quando ele passava na frente de uma casa que o contratara, tocava longamente um apito: "Piuiiiii". Podíamos dormir, pois o vigia vigiava.

Vigia de vigília, de passar a noite em oração e recolhimento.

Vigília é despertar, acordar o espírito, a mente, estar atento e forte.

Sem medo.

Despertar é ser capaz de ver a realidade assim como é.

Perceber que o assim como é flui suavemente, transformando-se a cada momento com o movimento de rotação da Terra.

Estamos em rotação e translação.

Presos pela Lei da Gravidade, girando em torno de nós e em torno do sol.

Vairochana Buda é o Buda Sol, Buda Dia, Buda Claridade.

Ao girar em torno do sol, somos banhados por sua luz, sua energia que dá energia ao planeta e a todas as formas de vida.

Girando em torno do Vairochana Buda, somos banhados por sua claridade, sua sabedoria que nos alimenta e dá vida ao ser desperto em nós, o ser iluminado.

Buda está sempre presente.

Assim como a lua no céu.

Algumas vezes vemos com clareza.

Em outras parece haver desaparecido, mas sempre está presente.

Em mim, em você e até mesmo naquele ser mesquinho e tolo, violento e agressivo que quer ser rei, sendo peão.

Por seres assim podemos sentir compaixão – são frágeis, nunca devem ter recebido afeto e deixam-se levar pela cobiça, raiva e ignorância.

Monge Ryokan era um grande poeta e famoso calígrafo que viveu entre 1758 e 1831. Depois que seu professor morreu, ele decidiu viver só, em uma choupana. Distante das preocupações do mundo, ele brincava com as crianças, bebia com homens e mulheres nas periferias, cantava e ria. Era capaz de usar meios hábeis para que os seres despertassem.

Certa ocasião, um ladrão entrou na cabaninha rústica na qual o Monge Ryokan dormia. Revirou tudo, não havia nada o que roubar. O monge acordou, entregou ao ladrão seu cobertor e sentou-se na varanda vendo-o desaparecer na estrada banhada pelo luar. "Ah! Deveria ter lhe dado a lua." Lamentou não ter dado a lua ao ladrão, que saíra assustado, levando apenas um cobertor remendado.

A lua é um dos símbolos da iluminação.

Faz-me lembrar de uma história de Dom Hélder Câmara, que ouvi de Dom Marcelo Barros, monge beneditino, no encontro da Nova Consciência, em Campina Grande, na Paraíba. Isso faz anos.

Dom Hélder estava dormindo quando ouviu um barulho na cozinha. Desceu e encontrou um homem, provavelmente um ladrão. Sem medo, dirigiu-se a ele: "Ah! Você é como eu. No meio da noite tem fome. Sente-se que vou preparar uns ovos". E Dom Hélder, pequeno, magro, fritou os ovos e os dois comeram tranquilamente. Ao terminar, ele ainda deu ao homem suprimentos para que levasse embora. Envergonhado, o homem pediu perdão, pois realmente havia entrado para roubar. Dom Hélder o abençoou, e esse homem nunca mais roubou.

O Monge Ryokan diria que Dom Hélder deu ao homem à lua.

Nossas mudanças de atitudes refletem nossos estados mentais.

Um ser desperto treina seus pensamentos, escolhe palavras e ações amorosas, sábias, corretas, adequadas, capazes de transformar a si e aos outros.

Mas é preciso que as pessoas confiem e se disponibilizem a ouvir e praticar o que é ensinado.

Os ensinamentos nem sempre são diretos, óbvios.

Podem ser dados de maneira sutil, como fez Dom Hélder.

Ele não entrou gritando na cozinha, dizendo ao homem que não roubasse, que era pecado.

Primeiro, ele acolheu, alimentou, tratou com afeto e presenteou.

Esse homem estava aflito, sem trabalho, sem comida.

Não era um ladrão profissional.

Foi capaz de ouvir, entender e se transformar.

Porém, há pessoas incapazes de receber ensinamentos, fechadas em si mesmas, pensam que tudo sabem e acabam se entregando a situações que produzem sofrimentos.

Como fazer com que todos os seres despertem?

Essa é a pergunta que um Buda faz ao encontrar outro Buda. E a resposta vem como outra pergunta: "Você está conseguindo levar os seres a compreender que são Budas, a agir, falar e pensar como Budas?".

Há o seguinte ditado japonês: para que serve um aquecedor no verão e um leque no inverno?

Ou seja, coisas inapropriadas às necessidades da estação.

No verão preferimos um leque e no inverno precisamos de um aquecedor.

Pense, reflita.

O que é adequado na circunstância específica deste momento?

Pense, reflita profundamente antes de falar e de agir.

Será mesmo benéfico o que você vai dizer, a ação a que se propõe?

Estará beneficiando e facilitando o despertar do maior número de seres?

Sua palavra, ação e pensamento atendem a necessidade verdadeira de quem se aproximou de você ou não?

Assemelhar-se a Budas, seres despertos, ou a seres sagrados de outras tradições, é possível através da luz da verdade, da união pela doçura da vontade, pelo respeito e pela amorosidade compassiva.

No budismo não há deidades.

Há seres despertos, chamados de bodaisatvas ou bodisatvas (também escrito como bodhisattva).

As duas palavras querem dizer a mesma coisa.

Bodai ou *bodhi*, ambas as versões significam "desperto, iluminado".

Satva quer dizer "ser".

Entre os vários bodisatvas existem alguns que ficaram mais conhecidos e que têm mais devotos.

Um deles é Kannon ou Kanzeon, em japonês, Kuan Yin, em chinês, e Avalokitesvara, em sânscrito.

Simboliza aquele ou aquela (bodisatvas podem se manifestar como homens ou mulheres) que observa claramente os sons do mundo e atende às necessidades verdadeiras.

Simboliza a compaixão.

Não é exatamente uma pessoa, mas a pessoa compassiva é chamada de manifestação de Kannon.

Sua Santidade, o XIV Dalai Lama, é considerado uma manifestação da compaixão ilimitada, pois se recusou a lutar contra as invasões chinesas e não permitiu que jovens afoitos se entregassem à violência.

Seu antecessor era considerado uma manifestação de Manjusri Bodisatva, que representa a sabedoria perfeita.

Também não foi um ser humano. Representa um estado possível a qualquer pessoa que desenvolva essa característica de sabedoria.

Manjusri Bodisatva é a imagem principal em uma sala de meditação, pois, por intermédio do observar profundo e atento, no silêncio do mergulho meditativo, acessamos a compreensão do vazio de uma identidade fixa e permanente, acessamos compreensões claras da verdade e do real, que nem sempre pode ser nomeado ou agarrado.

Há muitos exemplos, tanto em países distantes como pessoas bem próximas de nós, capazes de cuidar e curar com gestos, carinho, acolhimento, inclusão, alimentação e ternura.

Removem o que está prejudicando, quer seja um mal súbito, uma divisão de bens ou qualquer má intenção.

Até mesmo enfermidades.

Cura, onde você se esconde, minha querida?

Precisamos de você.

Venha.

Sei que a espantamos com nossa insensibilidade à vida silvestre.

Precisamos tanto de você.

Será que conseguiremos encontrá-la definitivamente?

Sim e não.

Sempre há novas doenças.

E novamente vamos nós, cobaias e cientistas, participar de novas pesquisas.

Assim, a vida nunca se torna monótona.

Como se nadássemos em um mar bravio, esforçamo-nos.

Nadamos forte entre as ondas que nos carregam, puxam e empurram como se fôssemos leves pétalas de flores ao vento.

Quando conseguimos respirar, surge outra onda e lá vamos nós novamente para o fundo do mar.

Há cascalho, areia, falta de ar.

Voltamos à superfície e é preciso mais rapidez e mais força para chegar a alguma praia, pedra ou algo para segurar.

Boiar de ficar na superfície e não de nos tornarmos manada, boiada que é controlada e conduzida pelos chicotes dos peões treinados.

Equipes médicas pedem socorro: "Fiquem em casa, usem máscaras bem fechadas, lavem as mãos, mantenham distância, sem festas, jantares, aglomerações, encontros. Por favor, não vamos dar conta, não aguentamos mais".

Hospitais de classes média a alta estão recebendo novos pacientes. Parecia estar tudo bem e lá vem a onda e arrasta os arrastáveis.

Se quiserem passar o Natal com seus outros familiares, fiquem dez dias em casa, sem sair e sem sintomas.

Depois façam o teste da Covid-19.

Se der negativo, podem ir, sem abraços e sem toques.

Mantenham mais de dois metros de distância, usem máscaras.

Quando forem comer fiquem mais distantes ainda.

Não falem ao se alimentar.

Não falem ao beber.

Não falem se estiverem sem máscaras.

Depois do encontro, lembrem-se, outros dez dias em isolamento e façam novo teste da Covid-19. Recomendações da médica infectologista Rosana Richtmann, do Hospital Emílio Ribas, em entrevista na TV.

Recomendações semelhantes faz o governo japonês.

Sentem-se um ao lado do outro, nunca de frente, em uma mesa.

Comam em silêncio.

Ah! Isso é uma maravilha.

Comer em silêncio como fazemos nos mosteiros.

Comemos com atenção e respeito aos alimentos que se tornam nosso corpo.

Beber em silêncio. Se tirar a máscara, não fale.

Muito menos cante.

Médicas e médicos preocupados com a pandemia em Buenos Aires.

Maradona morreu.

Deus morreu?

Não, ele tem vida eterna.

Que interessante.

Há anos já não jogava.

Mas era humano, frágil para drogas e sexo.

Engordava, comia e bebia muito.

Estava andando com dificuldade.

Deu muitas alegrias, pois era alegre.

Teve muitos amigos de todos os grupos sociais.

Teve muitas mulheres e filhos espalhados por todos os lugares.

Amava Fidel Castro e com ele aprendeu a fumar charutos cubanos.

Fizeram uma charge dos dois, numa nuvem, fumando juntos...

O que será depois da vida?

Há céu, inferno ou purgatório?

Será que não purgamos aqui mesmo?

Será que o céu ou o inferno dependem de nossas escolhas por virtudes ou vícios?

O que você tem escolhido?

A pandemia não acabou.

Está entre nós, no meio de nós.

E nós no meio da pandemia.

Nem no começo nem no fim.

Não adianta dar nó cego, amarrar, pois escapa nas frestas minúsculas só visíveis pelos microscópios mais modernos.

Transmuta-se, readapta-se.

No Pantanal, tacaram fogo nas matas e os açudes secos foram cobertos de jacarés inertes, alguns mortos.

Por baixo das cinzas ainda há chamas acesas.

É preciso ir mais fundo, apagar cada brasa escondida sob os restos da queimada.

E nas relações humanas?

Como curar as brasas de ódio, intolerância, racismo, homofobia, xenofobia?

Como dar água aos sedentos de sangue?

Como transformar pensamentos suicidas e assassinos em pensamentos de vida e plenitude?

Como curar males físicos, mentais, espirituais, sociais?

5

Há mais de dois mil e seiscentos anos, budistas chamam de interdependência a interconexão entre tudo que há, foi e será.

Conhecida nos textos clássicos como Rede de Indra, ela é representada por uma trama de raios luminosos onde, em cada interseção, há uma joia emitindo raios luminosos em todas as direções.

Somos essa rede.

Estamos em rede.

Computadores, internet, inteligência artificial são só cópias rudimentares da mente humana.

Carl Gustav Jung, psiquiatra contemporâneo de Freud, de quem chegou a ser amigo por um tempo, ao estudar a mente humana escreveu sobre a caracterização de duas camadas para o inconsciente, o inconsciente pessoal e o coletivo. Este último é totalmente universal e seus conteúdos podem ser encontrados em toda parte. Pessoas que não se conhecem e em lugares distantes podem agir de forma semelhante. Assim, podemos dizer que, de certa forma, estamos todos ligados.

Isso é fascinante.

A inteligência artificial pode auxiliar com algoritmos, cores e efeitos especiais.

Pode nos ajudar a fazer conexões mais rápidas e revelar aspectos da nossa personalidade que, até de nós mesmos, escondemos.

Entretanto, ainda falta à IA a emoção humana, a sensibilidade que transforma um risco em arte, uma linha em um sorriso.

Atualmente há pesquisadores e cientistas trabalhando para criar robôs capazes de sentir, de desenvolver uma personalidade.

Alguns querem se eternizar, deixar sua mente em máquinas para sempre.

Por que será que temos medo de não ser eternos?

Tudo que produzimos, pensamos, criamos já está gravado em computadores hábeis que podem desenvolver nossas ideias.

Outras pessoas levarão adiante o legado.

De geração em geração o processo de pesquisas e de descobertas continuará.

O que precisamos desenvolver é a bioética para que nossas descobertas sejam benéficas a todos.

Não podemos correr o risco de gerar mais destruição.

Não queremos correr riscos, mas eles sempre existem.

Risco de morte, risco de vida.
Risco de destruição, risco de criação.
Risco de riscar paredes, risco de criar universos.
Risco de arriscar a vida – sua e de outros seres.
Risco de acelerar o processo de degradação ambiental.
Inclusive, há quem acredite que há um risco em confiar nas novas gerações.

Na verdade, as novas gerações serão guiadas pela capacidade do DNA humano de nos transformar, de nos tornar mais cooperativos e concernidos com o meio ambiente, com as questões do aquecimento global e de relacionamentos mais afetuosos – tudo para que o próprio DNA humano possa sobreviver.

Isso é sustentabilidade gerada pelos mesmos seres capazes de tudo destruir.

Ao perceber a trama da existência, as interconexões e inter-relações da própria vida, deixamos de lado o medo pessoal e nos entregamos a propósitos maiores e mais abrangentes para o bem de todos.

Podemos dar vários sentidos, em momentos diferentes, fases diferentes, para nossa vida.

Quem não consegue ver sentido na existência muitas vezes quer morrer, deixar de ser, por conta de tristezas, desilusões, traições, faltas pessoais que não sabe solucionar ou questões existenciais que não sabe formular.

Não há nada pelo qual matar ou morrer.

Vivemos e aprendemos a lidar com dores, decepções, doenças, mortes.

E tudo passa.

Depois de anos fica uma vaga memória.

Experiências de luto, tristeza e depressão podem ser preciosas depois de transcendidas.

Levam ao amadurecimento e ao questionamento existencial.

Por que estou aqui?
Para que serve a minha vida?
Qual o sentido da vida?
O que é a morte?
Seria uma solução à minha dor e ao meu desconforto ou não?

De repente, no meio do drama que criamos, surge um raio luminoso através de uma fresta da janela.

Nesse raio inumeráveis grãos de poeira dançam livremente.

Observe.

Sorria.

Somos um desses grãos pequenos, quase invisíveis a olho nu.

Por que tanto drama?

E, quando podemos rir de nós mesmos, quando tornamos o fardo leve, a vida ganha conteúdo e podemos apreciar estar vivos.

Coexistir é a palavra usada pela ciência.

"Interser" é o verbo criado pelo monge vietnamita Thich Nhat Hanh.

Deveríamos usá-lo no lugar de "ser".

Coexistimos. Intersomos.

Por isso cooperamos.

Por isso sentimos compaixão, empatia, identificação com outros seres humanos e outras formas de vida.

Somos corresponsáveis pela vida na Terra.

Vida que anda adoentada, sofrida, machucada.

Vida que precisa de cura, de cuidado, de benquerência.

Só existimos porque outras formas de vida existem, porque há um balanço cósmico que mantém o equilíbrio dos planetas em torno do Sol, que torna possível nossa existência e de todas as outras formas de vida no planeta.

Somos mantidos vivos pelas outras formas de vida, pela trama de interdependência, pelas trocas de oxigênio e gás carbônico, entre outras.

No interior da Terra, há fogo e brasa.

Na superfície, há a água dos mares e dos rios.

Há geleiras e matas, florestas, evaporação, condensação e chuvas.

O desmatamento diminui as chuvas e pode causar incêndios difíceis de controlar.

Por estarmos interconectados somos corresponsáveis pelos incêndios, pela falta de chuva, pela degradação ambiental, pelo aquecimento global.

Somos minúsculos perante a imensidão, insignificante poeira cósmica e ao mesmo tempo temos a ver com as chuvas e os ventos.

Na superfície da Mãe Terra há poucos centímetros de profundidade de solo fértil, essencial para nossa alimentação, sobrevivência, energia solar captada pela fotossíntese.

Oxigênio e gás carbônico se alternam proporcionando vida a seres humanos, animais, plantas e até mesmo a seres imaginários[1] que sobrevoam a Terra e a nossa mente.

Um planeta vivo em transformação, interação.

Estamos juntos, somos o planeta e somos nossas mentes com fantasias e realidades.

No real, no verdadeiro, as criações mentais também são. Tudo inclui e nada permanece imutável, no ciclo incessante do surgir e desaparecer.

Tudo e todos estão sujeitos à Lei da Causalidade, que é impessoal e imparcial.

Causas e condições produzem efeitos, os quais podem ser causas ou condições de outros efeitos.

Uma trama viva e pulsante de mudanças constantes.

Hoje se fala em ecoempatia – encontramos um lugar – pelo planeta, nossa casa comum, com o qual nos identificamos, pelo qual sentimos empatia e, assim, cuidamos.

Solidariedade, compartilhamento, inclusão se tornam causas, condições, resultados e fatores da cura.

Cura da Terra é a cura de todos os seres.

Cura. Santa cura.

Venha logo.

Onde você está?

---

1. Considera-se que somos um planeta com nossas mentes, fantasias e realidades. Criações mentais também são verdadeiras. Uma pessoa com alucinação, por exemplo, sente que o que imagina é uma realidade. Da mesma forma, no budismo, há seres imaginados e fantásticos que existem entre nós.

As árvores de Auschwitz testemunharam. Sem poder sair, correr ou se esconder. Ofereceram suas folhas como alimentos aos prisioneiros e prisioneiras que ainda eram capazes de escalar seus troncos e pegar aquela última folha do galho mais alto.

Anoitecia. Ainda havia um raio de sol entre os galhos secos. Refletido na neve que se acumulava branquinha sobre o marrom-escuro. A luz parecia ir em todas as direções, e a menina, distraída, maravilhada, ficou ali parada. Era tão raro sentir-se assim pertencente à luz, à neve, ao galho e à árvore.

Passou da hora de entrar na barraca. Não deixaram que sua mãe a procurasse. Um SS de botas polidas e uniforme impecável a vislumbrou num canto de seu olhar.

Foi castigada. Precisou passar a noite toda descalça na neve, que se acumulou sobre seus pés, ombros, cabeça. Frio. Tão frio que anestesiou a dor. A pele dos pés ficou na neve, agora avermelhada.

Quando os aliados abriram as portas, ela precisou ser carregada, pois não conseguia andar. Gazes, remédios, os olhos grandes na face tão magra e que apenas olhavam e não demonstravam a dor das queimaduras.

O tempo passou. A pele se refez. Os ossos ficaram marcados e seu caminhar se tornou trôpego, mas ligeiro.

Foram meses no campo de extermínio. Foram anos de sonhos assustados, de ansiedades e medos. E sempre recontava aos seus netos e à sua primeira bisneta daquele último raio de sol, num galho escuro, coberto de neve e a luz se partindo, se espalhando em todas as direções e entrando em seus olhos grandes, arregalados.

Episódios imaginários sobre episódios verdadeiros.

E, ante os rudes céus, eu pergunto a Deus:
Por quê? Por quê?
Ficou minha vida, ao meio partida, quando ao teu fim.
Pois, contigo levas, em meio às trevas, metade de mim.

Poema de Branca para Sara, sua irmã mais nova.
Poema que eu recitava nos corredores do Colégio Nossa Senhora de Sion, em Higienópolis, com 13 anos de idade.

Percebia algumas irmãs me olhando de esguelha.

Era tão excluída pelas outras meninas, que fiz de tudo para ser reconhecida. Em vão.

Então me casei, fui embora da tortura da discriminação de pré-adolescentes carentes de afeto e de inclusão social, vítimas de suas próprias famílias.

Incapazes da coragem de testemunhar a outra em si mesma e a própria pessoa em outra.

Lamentável.

Isso ocorre quando a educação não é inclusiva.

Quando familiares são o resultado de desamores, procuram por lucros e novos sabores, sem entender que dar, incluir, compartilhar e cuidar faria um bem maior à saúde física, mental e social.

Caminhando pelos campos de arroz no Japão, encontro um sapo e à noite eu os ouço do meu quarto no mosteiro Koshoji, em Uji, próximo de Kyoto.

De repente são muitos coaxando.

Lembro-me do poema de Baso:

> Na beira do lago
> O sapo coaxou.
> Chuá.

Sem eira nem beira eram as casas dos pobres em Vila Velha. Casas boas tinham eira ou pelo menos beira.

Os beirais, colocados pelos negros vindos da Mãe África. Escravizados. Apanhavam. Eram abusados.

Comprados, vendidos, examinados, sem alma.

Indígenas também não tinham alma.

As plantas não sentiam nada. Nem as árvores, nem as águas.

Era um tempo estranho, distante do agora.

Um tempo de divisões entre seres humanos e a natureza.

Demorou para chegarmos no aqui.

Não sentiam nem percebiam que a maçã era vida, que pulsava, que tinha odor, cor, sabor e talvez murchasse sem que ninguém a tocasse.

Uma vez me deram uma laranja linda, grande, dourada. Um jovem polonês, meu colega do curso de inglês que fazia em Londres. Ele era muito pobre. Guardava saquinhos usados de chá para tomar mais tarde. Chegava mesmo a pegar alguns, já usados por outras pessoas. Um dia me trouxe essa laranja. Era tão linda que coloquei em cima da lareira do apartamento que alugara em Londres. Ficava em um *basement*, ou seja, no porão do prédio. Da janela eu via as pernas e os pés das pessoas que andavam pela calçada. Poucas pessoas passavam por essa rua quieta. Só mesmo aquele gato preto enfeitiçado, que chegou numa noite fria, depois de alguém ter colocado um anel na grade da frente. Quem teria colocado um anel na grade? Tinha uma pedra marrom. As latas de lixo do prédio ficavam na frente da minha janela que tinha cortinas de veludo vermelho e *voile* branco transparente. Naquela noite o gato entrou e se acomodou na cama comigo. Macio e quente.

No dia seguinte minha amiga me assustou: "Você não sabe que o gato pode te matar dormindo?". "De que jeito?", respondi incrédula. "Ora, ele se deita sobre sua face e você sufoca." *Morrer sufocada por um gatinho? Que absurdo.* Mesmo assim fiquei preocupada. Tantas histórias de bruxas que usam gatos, como em filmes e romances. Se o gato ouviu e entendeu, já não sei. Talvez eu não tenha aberto a porta ou a janela para ele entrar novamente. Sumiu na névoa da memória.

Quem voltou, algumas semanas depois, foi o jovem polonês.

Ficamos contentes de nos reencontrar. Eu queria mostrar que a sua laranja fora considerada tão bela e tão rara, que eu não a comera. A laranja estava lá, em cima da lareira, murchando, sem que eu a houvesse tocado. Seus olhos ficaram tristes. Teria sido tão doce comer aquela fruta cara.

Ele se sentou no sofá. Recostou a cabeça e seus olhos se foram. Seu corpo ali estava, mas seus olhos me disseram que ele não estava. Vazios de presença. Vazios de esperança. Não os esqueço, não. Seu nome? Não sei. Éramos amigos e deixamos de ser por uma laranja que não virou gente.

Nem sempre somos capazes de perceber e compreender as pessoas à nossa volta. Causamos tristezas e desagravos, sem nem perceber.

É poder observar com mais profundidade cada instante e cada ser.

Convivo com três cadelas. A mãe, dourada, é neta de uma *cocker spaniel* encontrada prenha na rua, perdida. Foi acolhida. Houve quem quisesse levar a cadela para abortar. Nunca soube que era possível aborto de filhotes de cães. Por sorte nenhuma veterinária aceitou a proposta indecente. Quem seria o pai dessa cria? Nunca ficamos sabendo.

Uma das filhotinhas foi dada a uma amiga minha. Era pretinha. Ficou pequena, mas acasalou com um dourado labrador que morava nessa casa. Ganhei uma filhotinha. Veio pequenina numa cestinha de Natal. Menos de quarenta dias. Olhos verdes, dourada. Assustadinha. Fomos criando afeto, seus olhos ficaram cor de mel. Raramente respondia aos meus chamados. Talvez não tenha gostado do nome que escolhi: Prajna Paramita. A sabedoria completa, em sânscrito. Foi sugestão de uma treinadora de corridas: "O nome de um cão deve ser um nome de algo que você queira sempre chamar para perto. Escolha bem".

Assim escolhi a sabedoria completa, aquela que afasta todas as sombras das desilusões, a capacidade humana do discernimento correto, do afeto, da compaixão. Ficou mocinha, faceira. Demorei para decidir por suas bodas. Até que ela foi encontrar seu parceiro: mistura de pitbull com labrador. Acasalaram. Seis filhotes.

Parto no meu quarto. Limpa, limpa, limpa. Encontrei quem pudesse amar aquelas crias. Foram indo embora.

Ficaram duas: uma que se escondia sempre que alguém vinha escolher e a outra, que quase morreu – era a mais fraquinha, quando chegava nas tetas, já estavam vazias. Eu vinha de hora em hora tirar uma das grandonas e colocar a miúda em uma teta cheia. Viajei. Ela quase morreu. Sobreviveu.

Assim, agora as três moram comigo e eu com elas.

Seus uivos e seus silêncios.

Intimidade.

Durante a pandemia ficamos bem próximas umas das outras e até tenho medo de quando eu precisar viajar, sair, palestrar.

Saudades só de pensar.

Há famílias assim, que se acostumaram com a rotina de isolamento, e o pensamento de sair enrubesce... Quer não.

Sabe o que eu digo? Na hora de sair, sairemos. Na hora de ficar, ficamos.

Assim, não é necessária a ansiedade pelo que virá, pois ainda não chegou.

Nem a saudade do que foi, pois passou.

Aprecie cada instante assim como é – única possibilidade de plenitude.

Foi declarado que Joseph Biden se tornou o 46º presidente dos Estados (des)Unidos da América do Norte.

Um raio de luz da possibilidade de restaurar sociedades partidas, divididas...

Mestra é aquela que divide você pela metade e não costura, passando a mãozinha. Você precisa aprender a se unir, tornar-se um, como diria minha discípula, Monja Zentchu Sensei.

O zen é para derreter a cola dos nossos pensamentos, conceitos, ideias.

É para nos libertar e para que possamos perceber o um, o todo manifesto em cada partícula e no maior espaço.

6

No zen-budismo, assim como em todas as diversas tradições budistas, a sabedoria clarifica, ilumina, esclarece, caminha lado a lado com a ternura, a compaixão para o bem de todos os seres.

Esse é o ponto comum entre todos os grupos religiosos e espiritualistas com quem pude fazer interlocuções, reflexões, estudos e liturgias.

Nossa tradição zen considera essencial que possamos atender às necessidades verdadeiras e profundas de todos os seres.

Não apenas o bem-estar físico, com doação de alimentos e bens materiais, mas o estímulo ao encanto e ao encontro com o mistério dulcíssimo de suavidade profunda que tudo permeia e inclui.

Certa ocasião, Sua Santidade, o XIV Dalai Lama, em uma de suas visitas ao Brasil, declarou, no saguão de um hotel em São Paulo, que as pessoas não precisavam se vestir como tibetanas, nem precisariam trocar de religião ou tradição espiritual. Que ele gostaria que o budismo tibetano e seus ensinamentos fizessem com que todos se tornassem pessoas melhores e capazes de compreender melhor suas próprias tradições.

Mais do que tolerar – como um remédio amargo e desagradável –, podemos compreender linguagens diferentes, de outras épocas e de outras culturas, etnias.

É enriquecedor, e só assim o diálogo se torna verdadeiro.

Não nos reunimos para convencer o outro em relação às nossas escolhas sagradas, mas para reconhecer o sagrado em cada criatura e cultura.

Tolerância ou intolerância são termos que deixamos de usar nos encontros inter-religiosos, os encontros de lideranças das mais diversas tradições espirituais com o propósito de criar uma cultura de paz, justiça e cura da Terra.

Há anos temos nos reunido, refletido e nos comprometido com o respeito e o convívio solidário.

Tolerar conceitos e ideias diferentes das nossas não é o mesmo que compreender.

Compreender não significa concordar.

Posso compreender a fé das outras tradições espirituais, mas continuo seguindo a minha tradição.

O fato de haver outras maneiras de nos relacionarmos com o sagrado não diminui a minha fé, não me ofende.

Pelo contrário, outras analogias e experiências podem enriquecer e aumentar o meu conhecimento e posso me aprofundar mais na tradição à qual escolhi me afiliar e transmitir.

O propósito dos encontros inter-religiosos é o de nos aproximarmos, de nos unirmos ao que é mais precioso e profundo, percebendo as diferenças e procurando as semelhanças possíveis entre seres capazes de purificar, iluminar e aperfeiçoar outros seres.

Iniciei minha jornada inter-religiosa no Japão. Houve uma época em que dez monjas beneditinas da Bélgica se hospedaram por um mês em nosso mosteiro de Nagoya. Nossa superiora, Shundo Aoyama Roshi, havia estado no primeiro encontro inter-religioso de Assis. Ela voltara radiante. Fizera grandes amizades e partilhara o Darma de Buda com pessoas das mais variadas ordens religiosas e espirituais.

Não demorou muito para que um grupo de monjas beneditinas viesse experimentar as práticas zen-budistas. Esse encontro já existia havia tempos, mas geralmente entre monges das duas tradições, em mosteiros masculinos.

Aoyama Roshi pediu que eu ficasse o tempo todo à disposição do grupo no período em que elas estavam no mosteiro, pois eu teria mais facilidade em me comunicar com elas em inglês ou francês.

Palavras são importantes.

Saber usá-las é uma arte sempre a ser melhorada.

Todas as religiosas haviam feito seus votos definitivos há mais de vinte e cinco anos, outro dado importante para os encontros inter-religiosos. Noviças, pessoas que ainda estão à procura de uma tradição espiritual, não estão qualificadas a participar desses encontros, pois podem confundir os ensinamentos e até mesmo se distanciar do essencial.

Havia monjas de hábitos tradicionais, monjas de hábitos mais modernos e algumas vestidas de forma comum. Ficamos sabendo que o modo de se vestir delas tinha relação direta com sua atuação na sociedade. Uma delas trabalhava na Índia e lá se vestia como as mulheres indianas, de sari – ela nos contou e mostrou fotos.

Foi um encontro riquíssimo e difícil em certos momentos. No silêncio da sala de meditação não havia conflitos. Nas liturgias, porém, era difícil para as ocidentais se sentarem no chão sobre os calcanhares – mesmo porque algumas tinham mais de 60 anos de idade. Adaptamos algumas cadeiras, banquinhos. Mas não era apenas a postura física, é que as liturgias eram em japonês e, por isso, ininteligíveis a elas.

Quando foi chegando o primeiro domingo da sua estada em nosso mosteiro, elas me chamaram: "Amanhã é domingo. Vocês não irão fazer faxina, pois não?".

Nos mosteiros zen não há dias da semana especiais.

Nos dias 4 e 9, 14 e 19, 23 e 29 de cada mês, acordamos uma hora mais tarde (5h em vez de 4h da manhã) e vamos diretamente para a sala de liturgias, chamada Sala de Buda, ou Sala Principal (*hondo*, em japonês).

Para as beneditinas isso seria um problema grave, pois era contrário aos seus hábitos e, além do mais, queriam ir à missa.

Comuniquei à superiora do nosso mosteiro a solicitação do grupo. Ela se alegrou. O que parecia um problema, para

Aoyama Roshi não era. Pelo contrário. Ela tinha amigos professores universitários em Nagoya, que eram padres católicos.

Aoyama Roshi fez um acordo com as beneditinas: seguiriam a rotina do nosso mosteiro, trabalhando e limpando até nos domingos, e o padre viria para rezar a missa, apenas com elas, em um de nossos salões.

Ficaram felicíssimas e concordaram.

Como eu já estava ao fim de minha formação e nossa superiora precisava que eu facilitasse a comunicação, me permitiram ficar na sala.

De repente assisti a algo raro e belo.

Elas cantavam.

Cantavam com vozes dulcíssimas, afinadas, ritmadas.

Seu canto era fervoroso.

Suas faces ficaram avermelhadas e seus olhos brilhavam de uma forma que eu nunca vira.

Nós, noviças no mosteiro zen, estávamos mais preocupadas em acertar os passos, em fazer as liturgias de forma correta, que poucas vezes éramos capazes de penetrar na essência da cerimônia.

Ficamos amigas, passeamos nos parques, elas queriam tomar refrigerantes tirados das maquininhas em locais públicos. A de hábitos clássicos, antes de ir embora, me deu um pequeno livro com as regras de São Bento. Por alguns meses ainda mantivemos contato por cartas, depois, cada uma de nós voltou para suas atividades e seus mundos.

Voltei ao Brasil e fui visitada pelo então Padre José Bizon. Hoje ele é cônego, uma graduação dentro da Igreja Católica.

Naquela ocasião, ele me contou que o primeiro superior da nossa tradição, reverendo Ryohan Shingu, participara dos encontros inter-religiosos e perguntou se eu poderia participar. Ele tinha vindo com uma religiosa, que o ajudava na Casa da Reconciliação da Arquidiocese de São Paulo.

Lembrando-me das doces memórias com as beneditinas em nosso mosteiro, prontamente atendi.

Iniciamos uma caminhada de anos, em liturgias e encontros de estudo. Algumas vezes participamos da Conferência Nacional dos Bispos do Brasil (CNBB) e uma vez fui à Bahia para o encontro dos religiosos e religiosas do Brasil.

Pastores e pastoras, rabinos e rabinas, xeiques, espiritualistas, representantes de umbanda e candomblé, representantes indígenas, junto a budistas, xintoístas, agnósticos, ateus, padres e madres, freis e freiras, monges e monjas, cônegos, bispos e cardeais.

Inúmeros encontros e amizades profundas que marcaram momentos de grandes reflexões, dentre elas a troca da palavra tolerância por compreensão, acolhida e respeito.

É preciso firmar acordos benéficos a todos e com todos.

Um dia, numa conversa com um jovem segurança, ele me disse: "Se não matarmos quem nos provocou, se apenas o mandamos embora, ou damos uma surra, ele pode voltar e nos matar. O mundo está agora assim, monja".

Esse segurança é um homem bom. Nunca matou ninguém, mas sempre se identifica com aqueles que são violentíssimos às respostas de possíveis agressores, ladrões, assaltantes ou mesmo desafetos.

Que pena!

No dia 19 de novembro de 2020, quando dois seguranças brancos mataram por asfixia João Alberto Silveira Freitas, um cliente negro num supermercado de Porto Alegre, esse mesmo rapaz veio me perguntar: "A senhora não acha que eles se conheciam e que tinham um problema anterior? E talvez temessem que ele voltasse para os matar? Hoje em dia é assim, monja. Por isso acabam matando".

Eu não penso assim.

Ninguém sabe se o outro vai se vingar.

Parece, entretanto, que é o ponto de vista de alguns.

Lamentável.

Temos de rever nossos códigos de honra e, deve haver meios de paralisar uma pessoa surtando, ou muito aflita, agitada, violenta, sem precisar matar.

É preciso aprender a dialogar, como nos encontros inter-religiosos.

Será que essa violência, esse medo de retaliação, terá fim?

Mahatma Gandhi dizia que, se formos viver a partir do princípio de "olho por olho", a humanidade ficará cega.

Como isso é verdadeiro!

Por isso, temos que educar as pessoas para a cooperação, o convívio não violento, a coexistência pacífica.

A compaixão deve ser a prioridade em todos os níveis educacionais.

As crianças aprendem na escola sobre ecologia, sustentabilidade e, em casa, ensinam adultos a fechar as torneiras, separar o lixo, ter mais atenção com o que fazem, como fazem, o que comem, o que bebem e quanto bebem.

Acredito que as novas gerações são e serão capazes de transformar uma cultura de violência, de abusos ao meio ambiente e a outros seres humanos em uma cultura de paz, de não violência ativa e de cuidado.

Temos que desenvolver a capacidade de entender, compreender, pensar, refletir, escolher, discernir, participar, ouvir, aprender mutuamente.

A responder de uma maneira que não seja furiosa.

Praticar manifestações pacíficas capazes de transformar sem intenção de destruir, quebrar, ferir, ofender, matar ou morrer.

Voltar a ouvir uns aos outros para entender, dialogar antes de tomar decisões precipitadas.

Vamos cuidar.

Sem discriminações preconceituosas.

Sonho possível?

Utopia inalcançável?

Para restaurar uma pintura antiga são necessários especialistas de várias áreas, capazes de trabalhar em harmonia por um propósito comum.

Para restaurar relacionamentos precisamos de especialistas e da nossa disposição em compreender, respeitar e tecer, fio a fio, com urgência, prudência e paciência.

Só assim poderemos fechar a lacuna criada pela ignorância da intolerância.

Só assim teremos chance de nos curarmos.

Onde teria a Cura ido parar? Parece que o Cuidado a havia convidado a fugir das cidades contaminadas pelas raivas e apegos. Sua grande inimiga, a Ignorância, corria solta.

O Cuidado vendo a tristeza da Cura – incapaz de curar devido à força da ganância centrada em aspectos menores do ser, gente pensando em lucro, fama e poder –, a convidou a se esconder. Assim escondida, no meio da mata, ele cuidaria dela até que se recuperasse, se fortalecesse e pudesse voltar.

Foram meses, anos, talvez. Ela estava muito enfraquecida. Precisava de energia do Sol, energia da terra, das águas, do ar e de toda a natureza.

O Cuidado e a Cura, de mãos dadas, reaprenderam a fazer milagres naturais, com ervas e poções, carinhos e atenções. Eram passarinhos com asas restauradas, filhotinhos abandonados que foram amamentados, árvores e raízes cada vez mais saudáveis.

A mata cresceu, florescia na primavera, mudava de cor com as estações – no verão era verde de todos os tons, no outono se coloria de amarelo, vermelho, marrom e no inverno ficava branca de neve.

Claro que havia casos incuráveis. Então, a Cura e o Cuidado conduziam para a morte, sem medo, sem aflição. Acompanhavam até o último momento, a última expiração. A morte tudo transformava e, quando acabava sua missão, a vida nascia com perfeição.

A Cura foi se fortalecendo.

Ela nem percebia que enquanto dormia o Cuidado voava para as áreas devastadas por queimadas, por enchentes, por doenças sem precedentes. Cuidava com ternura, inspirava as pessoas a considerar as causas e as condições que levaram a tais desastres. Haveria de existir meios de prevenção. Pessoas amadurecidas, despertas e sem apegos à fama, ao lucro e à riqueza, se reuniam às escondidas. Era sempre um risco. Podiam ser mortas, condenadas, perseguidas. Era um tempo difícil, de muita raiva, aflição. O mundo polarizado vivia em curto-circuito. Como se dois fios elétricos de polaridades diferentes se tocassem. Era choque para todo lado.

Brigas, desafetos, divórcios, feminicídios, assassinatos públicos, massacres generalizados, falta de leitos e de atendimentos nos hospitais, gente chorando e gente rindo, festando, como se nada houvesse. Verdadeira pandemia, mesclada de homicidas, genocidas, descuidados. Depois de circular, o Cuidado ficava sem ar. Voltava alquebrado, murcho, triste, como um anjo sem asas.

A Cura se preocupava. Bastava ela dormir, que o Cuidado sumia e quando acordava ele estava muito mal, frágil, tremendo. Ela usava todo seu poder para fazê-lo ficar bem. Preocupada, ela resolveu, num momento desses, fingir que adormecia.

Foi começar a ressonar e o viu sumir no ar. Juntando toda coragem, foi atrás.

Voaram sobre florestas desmatadas e áreas de grandes queimadas. Viram enchentes, deslizes de terra, árvores e arbustos, gente humana e animais, répteis e pássaros em grande sofrimento.

O Cuidado procurava cuidar, mas não dava conta. De um lado para o outro se desdobrava e, quando pensava poder tomar fôlego, logo era chamado a atender a outra emergência.

A Cura se pôs a chorar. Suas lágrimas apagaram os incêndios nas florestas e caíram suavemente sobre as testas das elites governantes.

Milagre. Despertaram. Parece que de repente seus olhos se abriram e mudaram de atitude. Houve vacinas para todos os habitantes da Terra. Não mais mataram bichinhos, nem permitiram que incendiassem florestas. Juntos se uniram à Cura e ao Cuidado.

Foi uma grande alegria ver a vida renascendo em cada menor partícula e no grande espaço. Sem ódios e sem nostalgias, sem esperanças e sem covardias puseram-se a trabalhar para o bem coletivo. Muito precisou ser feito. Laços restaurados de afetos e reconhecimentos.

A humanidade despertou. A Consciência se levantou da rede e como um raio de luz foi de pessoa em pessoa levando sua luz dourada.

Cada um que tocava, de leve, também despertava. E, nesse mundo de afeto, de cuidado consciente, a Cura, recuperada, pôde curar as dores, as tristezas, as amarguras, as doenças, curou a vida, curou a morte.

A Ganância, a Raiva e a Ignorância tornaram-se uma triste memória nos livros de História, que contavam de um passado distante em que as pessoas envenenadas não sabiam cooperar, deixaram de se amar e respeitar, corriam atrás de si mesmas sem nunca se encontrar.

Agora, a era do bem acabou com as fronteiras, ligou de forma adequada o positivo e o negativo para não se chocarem, mas juntos cuidarem. Ainda havia recaídas, pessoas incapazes de participar da comunhão sagrada. Não eram hostilizadas. Não eram excluídas. Pelo contrário. Recebiam compreensão que as transformava.

7

No budismo, o Buda da Medicina é chamado de Yakushi Nyorai.

Yaku quer dizer remédio ou cura e *Shi* significa professor, mestre.

Nyorai é o mesmo que Buda, aquele que vem e vai do assim como é. Capaz de perceber, ver, ouvir, diagnosticar e remediar.

Buda era também conhecido como um grande médico, capaz de curar os males do mundo.

"Se o médico diagnostica, dá a receita e a pessoa não toma o remédio, a culpa é do médico?"

Pergunta que aparece em um dos ensinamentos.

Algumas pessoas aceitam as orientações dos médicos, seguem as prescrições.

Outras não o fazem e dizem que o médico não era bom, pois não soube curar.

Às vezes penso que uma boa médica ou um bom médico precisa ter também a capacidade de convencer seu paciente a tomar os remédios prescritos.

Hoje há muitos que nem olham para os olhos dos pacientes.

Como curar se nem vê quem está à sua frente?

Antes, muito antes da pandemia, eu pagava um plano de saúde particular. Duas visitas definiram minha decisão de mudar para o Sistema Único de Saúde (SUS). A primeira, há uns vinte anos, fui a uma ginecologista do plano. Sem olhar para mim, ela pediu vários exames. Voltei com os resultados e, novamente, sem me olhar disse:

"Você não vai mais poder ter filhos. Tem miomas grandes. Vamos operar você no dia 1º de novembro próximo." E marcou na sua agenda. Saí sem olhar para trás.

Na sala de espera, uma senhora japonesa que me conhecia do templo me chamou e disse: "Ela é ótima médica. Ela me operou. O marido é o anestesista". Então, perguntei à minha irmã médica se seria necessária a cirurgia. Eu havia conhecido mulheres que me consultavam sobre o sofrimento causado por terem removido o útero e os ovários. "Um vazio existencial. É uma sensação estranha, triste." Consolei muitas delas. Agora era comigo. Deveria operar?

Para alguns, curar é cortar o falso, é remover a doença cirurgicamente ou com ervas, remédios, vacinas.

Em sociedades indígenas, é um veneno que pode matar ou apenas anestesiar.

Minha irmã perguntou: "Você tem dores? Tem sangramentos? Se não tiver, deixe para lá. Na menopausa, com menos hormônios, geralmente os miomas podem diminuir. Espere".

Faz mais de vinte anos. Continuo eu e meus miomas a passear.

A única cirurgia que precisei fazer foi de apendicite aguda. Bem durante a pandemia. Cheia de medos de contágio, a dor foi forte demais. Novamente me falaram dos miomas uterinos – que continuam comigo.

O apêndice se foi, quase necrosando. Doença de criança, de adolescente. Assim me falaram e eu fiquei alegre por me sentir jovem por dentro. Depois soube de muitos adultos e idosos que recentemente tiveram apendicite. Médicos podem ser gentis e delicados, ajudando no processo da cura.

Precisamos remover algumas vezes, outras não.

Convivemos com nossos miomas como convivemos com nossos humores. Precisamos apenas saber se podemos com eles morrer ou se eles vão nos matar.

Nem sempre a cirurgia é necessária.

Sempre peça uma segunda opinião.

Em caso de dúvida, uma terceira.

Se a dúvida continua, lembre-se do taoísmo, que diz: "Em dúvida, não".

Só quando tiver certeza tome decisões que não podem ser desfeitas.

A segunda experiência nefasta com um plano de saúde foi a seguinte: só consegui marcar consulta no dia 24 de dezembro. O médico, corpulento, sem olhar para mim, perguntou qual era a emergência. Disse que era uma visita anual que fazia, sem nenhuma queixa específica. Ficou furioso. Fez vários pedidos de exame e saiu da sala. Peguei os papéis, marquei os exames e quando saíram os resultados abri os envelopes, li os diagnósticos e fui levar ao consultório. Novamente, sem me olhar, o médico ficou muito bravo, disse que havia sido um desaforo eu abrir os exames que ele pedira. "Mas, doutor, é sobre a minha vida."

Nunca mais voltei. Agora sou SUS. Faço campanha para que os governos cuidem melhor das equipes de saúde do SUS e forneçam materiais e remédios necessários para atender adequadamente a todos.

Isso porque os processos de cura também devem ser para todos os seres, sem preferências e escolhas, estando, assim, de acordo com o voto que médicas e médicos fazem ao receber seu diploma, o Juramento de Hipócrates, o pai da Medicina.

O texto mais antigo, o clássico do Juramento de Hipócrates, em torno do século V, é assim:

> Eu juro, por Apolo médico, por Esculápio, Higeia e Panaceia, e tomo por testemunhas todos os deuses e todas as deusas, cumprir, segundo meu poder e minha razão, a promessa que se segue:
>
> Estimar, tanto quanto a meus pais, aquele que me ensinou esta arte; fazer vida comum e, se necessário for, com ele partilhar meus bens; ter seus filhos por meus próprios irmãos; ensinar-lhes esta arte, se eles tiverem

necessidade de aprendê-la, sem remuneração e nem compromisso escrito; fazer participar dos preceitos, das lições e de todo o resto do ensino, meus filhos, os de meu mestre e os discípulos inscritos segundo os regulamentos da profissão, porém, só a estes.

Aplicarei os regimes para o bem do doente segundo o meu poder e entendimento, nunca para causar dano ou mal a alguém.

A ninguém darei por comprazer, nem remédio mortal nem um conselho que induza a perda. Do mesmo modo não darei a nenhuma mulher uma substância abortiva.

Conservarei imaculada minha vida e minha arte.

Não praticarei a talha, mesmo sobre um calculoso confirmado; deixarei essa operação aos práticos que disso cuidam.

Em toda casa, aí entrarei para o bem dos doentes, mantendo-me longe de todo o dano voluntário e de toda a sedução, sobretudo dos prazeres do amor, com as mulheres ou com os homens livres ou escravizados.

Àquilo que no exercício ou fora do exercício da profissão e no convívio da sociedade, eu tiver visto ou ouvido, que não seja preciso divulgar, eu conservarei inteiramente secreto.

Se eu cumprir este juramento com fidelidade, que me seja dado gozar felizmente da vida e da minha profissão, honrado para sempre entre os homens; se eu dele me afastar ou infringir, o contrário aconteça.

Há outras versões mais atualizadas desse juramento usando termos da nossa época, mantendo os mesmos princípios.

A outra filha de Esculápio é Panaceia, aquela que conhece todos os remédios – *pan* significa "todos".

Conheço médicas e médicos excelentes, que examinam, olham, atendem, percebem as necessidades físicas e emocionais de seus pacientes e ajudam no processo da cura com ternura e atenção.

Discípulos de Panaceia, se atentam às múltiplas maneiras de curar.

No Hospital Emílio Ribas, em São Paulo, a dra. Glória Brunetti iniciou o VER – Voluntariado Emílio Ribas, para dar um carinho, um mimo aos pacientes internados e seus familiares. Na sua maioria são pessoas simples. Podem receber um corte de cabelo ou de unhas, uma escova de dentes, ouvir um poema ou um conto lido de maneira explicativa e respeitosa. Voluntárias e voluntários podem visitar, estar perto, confortar.

Eu e dois alunos fizemos parte desse voluntariado levando a pacientes, equipe médica e parentes a respiração consciente. Só podíamos entrar em alguns dos quartos.

A ciência cura.

Mas a cura depende do cuidado.

É o processo do cuidado, do ato de cuidar.

Amor se aprende sendo amado.

Da maneira que um ser é gerado e como é tocado ao nascer surge sua capacidade de querer bem, de acolher.

O toque seguro e afetuoso desenvolve a capacidade de amar.

Amor é aprendizado.

O afeto também cura.

O olhar que reconhece, acolhe.

A música, a cantiga.

A erva do jardim com a magia.

Primeiro, as mulheres que sabiam usar plantas para curar pessoas e animais foram respeitadas.

Como os pajés nas tabas.

Depois foram temidas e queimadas.

Como os indígenas nas matas.

Em Fortaleza, a dra. Paola Tôrres Costa criou o Instituto Roda da Vida, onde recebe pacientes oncológicas e as convida a dançar, cantar, meditar, bordar, cuidar do corpo e da pele. Essa amorosidade cria um vínculo entre médica e paciente, vínculo de confiança, de vida, de amizade.

Dra. Paola também é cordelista e musicista e, nos congressos "Todos Juntos Contra o Câncer", no qual, por meio de cordéis explicativos, ela compartilha suas pesquisas realizadas nas universidades onde leciona e a vivência adquirida em seu consultório particular. Nesse material, ela ensina, de forma simples, como perceber o que é um linfoma e quando procurar um médico. Está sempre com um violão por perto e um cartaz: "Medicina, cordel e cantoria é remédio que veio para curar".

O curador tem a mesma raiz de cura. *Curare* – dar atenção, preservar, cuidar.

Serve para todos os que querem preservar as artes, não só as de curar o corpo.

Escolhe obras e apresentações artísticas e as dispõe em exibição.

A arte é uma forma de curar a mente, a psique.

A beleza e o questionamento para pensar, apreciar, considerar, transformar de forma a beneficiar e muitas vezes curar sociedades doentes.

Por isso precisa ser livre.

Ser consciente.

Ser preservada na sua integridade.

No passado, só os curas, os religiosos, podiam curar.

O mal, as doenças eram obras do demônio.

Foi só no século XVIII que as doenças se libertaram dos infernos e passaram a ser compreendidas como desequilíbrios do organismo vivo.

Das igrejas, dos curas e dos templos saíram os enfermos para os hospitais.

Palavra que deriva de *hospes*, hospedaria, onde se recebiam os de fora, lugar onde há hospitalidade.

No início eram locais onde se hospedavam aqueles que eram ameaça potencial à sociedade por causa de seus males, vícios e falta de virtudes.

Surgiram as Santas Casas, onde além dos médicos e da enfermagem, religiosas e religiosos trabalhavam juntos na cura física e espiritual.

A construção das Santas Casas lembra sempre locais religiosos.

A de São Paulo, gótica, de tijolos, tem janelas que apontam ao céu.

Na cidade de Óbidos, em Portugal, a pousada em que fiquei para o Festival Literário em 2018 havia sido uma Santa Casa. Meu aposento era branco e limpo. Higienizado como se Higeia – que, como Hipócrates e Panaceia, é filha de Esculápio – por ali houvesse passado. Ela é a divindade da limpeza, da sanidade, da saúde.

Esculápio, a divindade da Medicina, mencionada no juramento dos médicos, é um dos filhos de Apolo. Carrega na mão um cajado no qual se enrola uma serpente: símbolo da astúcia, sagacidade e da dualidade.

Pois o remédio pode matar ou dar vida.

Como saber a diferença?

Ouvindo, cuidando.

No zen-budismo, a primeira graduação de um praticante em sua jornada é um teste público, com o qual precisa provar que entendeu os ensinamentos e que sabe transmiti-los.

Para isso há uma cerimônia chamada de Combate do Darma.

Praticantes, colegas de treinamento, fazem questões sobre os ensinamentos de Buda (Darma) para verificar sua capacidade.

Nessas cerimônias, a pessoa que está sendo testada, segura uma espada de madeira.

Essa espada fica originalmente na mesa da mestra ou mestre da cerimônia.

Quando vai até a mesa buscar a espada, a mestra ou mestre pergunta: "Como você vai usá-la?".

E o discípulo ou discípula responde: "Livremente para dar e tirar vida".

Há um poema sobre esse ritual da espada que se inicia assim:

> Esta é uma cobra negra de um metro de comprimento.
> Em tempos antigos, no Pico do Abutre, se tornou uma flor de lótus dourada.
> Quando foi transmitida no Monte Shaolin produziu cinco pétalas.
> Algumas vezes se transforma em um dragão e engole o céu e a terra.
> Outras vezes se torna uma espada de diamante tirando e dando vida livremente.

A analogia da cobra, da serpente, está em muitas tradições antigas.

Simboliza a unicidade da dualidade.

A língua que se divide em duas e é uma só.

A serpente era considerada a protetora dos ensinamentos sagrados nas profundezas dos oceanos. Nagarjuna ou Nagyaharajuna era líder de um grupo de Nagas – serpentes indianas, ou seja, pessoas astutas. Até que encontrou Buda, de quem ele e seus mil seguidores se tornaram discípulos. Os ensinamentos de Nagarjuna no século II são da via negativa: não é isso nem aquilo, para descrever o vazio. "Nada tem uma autoexistência substancial fixa e permanente", frase do Sutra do Coração da Grande Sabedoria Completa, um dos ensinamentos de Buda.

Nada fixo, nada permanente e ao mesmo tempo tudo está em profunda interdependência.

Em um templo na China antiga, o abade pediu a um artista que fizesse xilogravuras dos Budas Ancestrais.

Dos primeiros discípulos de Buda até os da época em que estavam.

O artista, sabendo dos ensinamentos sobre o vazio de Nagarjuna, o representou por meio de uma lua cheia.

Muitos se maravilharam.

O fundador da minha ordem, mestre Eihei Dogen, não gostou.

A lua cheia é o símbolo da sabedoria perfeita, porém se o mestre Nagarjuna era sábio, ele era a lua cheia em seu corpo, sua face, seu olhar.

A representação da lua cheia apenas foi resultado da insuficiência de compreensão do xilogravurista.

O poema também menciona certa ocasião em que uma grande multidão de seguidores, simpatizantes e curiosos aguardava que Xaquiamuni Buda oferecesse ensinamentos. Porém, Buda se manteve silencioso e só levantou uma flor. Apenas um de seus discípulos compreendeu e sorriu. Seu nome era Makakasho, e essa foi considerada a primeira transmissão dos conhecimentos. Ou seja, o discípulo compreendeu intimamente o mestre e passou a ser também um professor. O local onde isso ocorreu na Índia é chamado de Pico do Abutre, pois a montanha tem a forma de um abutre. Buda disse: "Eu possuo o olho tesouro do verdadeiro Darma e a maravilhosa mente de nirvana. Agora a transmito a você".

Uma autenticação. Possuir o olho tesouro do verdadeiro Darma é possuir a visão, a ótica correta da verdade. A maravilhosa mente de nirvana é a mente de grande tranquilidade, resultante da sabedoria. E seu discípulo o compreendeu intimamente, tornando-se seu primeiro sucessor.

O poema também fala sobre a espada ser transmitida no Monte Shaolin e ter produzido cinco pétalas, uma referência a um monge chamado Bodidarma ou Bodai Daruma, do século VI. Bodai Daruma, considerado o fundador do zen-budismo, foi da Índia à China e residiu em um mosteiro no Monte Shaolin. Sua prática e seus ensinamentos eram o de se sentar em silêncio, de face a uma parede, em meditação profunda. Ensinava que zazen (sentar-se em meditação zen) era a prática essencial. Transmitiu esses ensinamentos que se espalharam formando cinco escolas principais na China. Por isso a analogia das cinco pétalas.

Depois, surge um dragão. O dragão é uma figura lendária e simboliza um peixe que conseguiu nadar contra a correnteza. Ou seja, a pessoa que sai do mundo comum e adentra o mundo espiritual, adentra a sabedoria e se transforma de um peixe comum em um dragão. A analogia de engolir o céu e a terra é de entrar no absoluto, de se tornar o todo manifesto.

A última frase desse trecho do poema, em que se torna uma espada de diamante, inquebrantável, indestrutível, firme e forte, capaz de dar vida ou tirar vida, significa que a pessoa que nadou contra a correnteza dos pensamentos comuns, suportou as dificuldades e alcançou o caminho é capaz de manifestar a verdade, a realidade, dar vida à sabedoria e à compaixão, removendo a falsidade e os pensamentos errôneos.

Tanto nas deidades greco-latinas como nos seres simbólicos das filosofias orientais, a dualidade ou pluralidade é a unidade, inseparável.

Um corpo e suas partes não são dois, uma língua dividida em duas também não é uma nem duas.

Esse é o ponto de vista do absoluto. No relativo é necessário saber usar a espada para cortar o falso e trazer o verdadeiro.

Da mesma maneira é preciso saber usar o remédio para curar e não para envenenar e matar.

Como você usa a sua vida? Dividida em duas, em três partes? Ou reconhece em cada face uma de suas faces?

Ir além do além.

E ao mesmo tempo viver no aqui e no agora.

Por isso o discernimento correto é essencial. Educar, treinar, adestrar a si mesmo é trabalho incessante. Perceber-se, reconhecer-se em tudo e em todos, mas escolher suas respostas ao mundo. Apenas reagir é fácil. Responder depende de treinamento.

Atualmente, quando a ciência é a base de nossas decisões, precisamos entender a diferença entre reagir e responder. Podemos ter uma reação alérgica, e podemos responder ao tratamento da alergia, nos curando.

Minha proposta é que sejamos capazes de ver o que é, assim como é. A partir dessa clareza podemos fazer escolhas e fluir com o fluir da vida. Podemos mudar o curso de um rio. Podemos mudar o curso da vida no planeta. Podemos mudar – cada um e todos nós.

Há tanto a ser feito.

Deixemos a espada em sua bainha e soltemos as serpentes em seu hábitat natural.

O veneno vira antídoto e as palavras se tornam amorosas, gentis, respeitosas, inclusivas.

Nós podemos virar o jogo das lutas e das exclusões para a vitória do amor e da inclusão.

Você gostaria de tomar esse remédio?

O símbolo da Medicina é a serpente, cuja língua é dividida ao meio: ou cura, ou mata.

Depende da dose, depende da intenção e da qualificação de quem prescreve ou aplica a droga.

Drogaria é local onde se vendem drogas.

Minha avó, nascida em 1880 aproximadamente, comprava drogas.

Ela não usava a palavra "remédios".

As drogas eram boas para a cura de várias doenças.

Não curavam a dor, a tristeza da morte da filhinha noiva de 21 anos de idade.

...dentro do infinito? Mas estava escrito.

Como explicar que Sarita houvesse pulado uma página no caderno de poesias e deixado essa frase solta, sozinha, no topo do verso da página 21?

Minha mãe era a irmã mais velha. Trocavam segredos e poemas. O caderno de poesias de capa preta, do tamanho de um caderno de atas, com páginas numeradas era um sinal misterioso, que minha mãe nos mostrava.

...dentro do infinito? Mas estava escrito.

Será que a morte, o destino e tudo já está escrito?

Será que algumas coisas estão determinadas e outras não? Podemos remediar, desenvolver pesquisas e evitar mortes prematuras? Há mortes prematuras ou as pessoas só morrem quando chega o seu momento e não é nem cedo nem tarde?

Assim como é.

No Japão, quando uma pessoa idosa morre, usa-se a expressão *mo jumyo desu*, ou seja, "estava na hora".

Meu mestre de transmissão do Darma, Yogo Suigan Roshi, dizia que, em qualquer momento, em qualquer idade é sempre *mo jumyo desu*.

Sarita, diminutivo de Sara, estava noiva, era linda, alegre, de olhos cor de mel.

Morreu de choque operatório – como foi chamado na época. Resultado de uma cirurgia renal.

Na época, muitas pessoas foram vítimas da doença do século, chamada de peste branca, a tuberculose.

Não havia cura.

Tosse, tristeza, sangue no escarro, morte.

Meu avô, nascido em 1884, teve tuberculose, mas não morreu. Minha tia Nena veio de Santo André para cuidar dele. Com medo da doença, minha avó não entrava no quarto. Era Nena quem limpava os penicos cheios de catarro com sangue. Preparava uma superalimentação, com muitos ovos, carnes, arroz e feijão, verduras, frutas e o fazia comer. Colocava emplastro no peito. Vovô parou de fumar. Banhos na cama, com panos quase secos. Curou-se. Minha mãe, também assustada com a doença, fervia os pratos e talheres que ele usava em casa, quando meus avós vinham almoçar conosco, muitos anos depois.

Uma vez fomos visitá-los em seu apartamento. Eu era criança e adorava meu avô. Haviam me dito para não chegar perto dele, mas não resisti.

Entrei escondida no quarto. Ele sorriu e eu fiquei feliz. Logo me fizeram sair. Quando bebê tive uma espécie de tuberculose chamada, na época, de "complexo infantil". Nos meus pulmões há uma pequena marca de algo de que não me lembro.

Sei que tive muitas vezes febre alta, me colocavam na banheira para abaixá-la, e minha mãe tinha medo de convulsões febris. Logo chamava o dr. Lobo. Que nome. Que medo. Dr. Lobo queria olhar a minha garganta e colocava uma colher lá na amídala e dava vontade de vomitar. Sempre pedia para a mamãe não deixar, dizer que eu sabia abaixar a língua, que não precisava enfiar a colher lá no fundo. Acho que ele não ouvia bem, ou não a ouvia. Depois vinham as injeções anticatarrais.

Mamãe aplicava a injeção nos glúteos, quando eu ficava sem ar. Usava dois ou três travesseiros para levantar minha cabeça, e eu tinha a sensação de estar sufocando – sofri de bronquite asmática até os 12 ou 13 anos de idade.

Curou assim, de repente.

Certo dia apareceu uma irritação na pele do braço – naquele lugar onde tiram sangue para fazer exames. Foi em só um dos braços.

Avermelhado. Coçando, parecia urticária.

Dr. Lobo foi chamado e confirmou que a bronquite se fora. Verdade. Saiu para fora dos pulmões, saiu através da pele.

Depois foi embora de vez: nem na pele nem no peito. Curada.

Ficar sem respirar direito é bem ruim.

Os carinhos de minha mãe, os mimos da minha tia, as revistas e histórias de meu pai me faziam querer ficar doente. Depois voltava a vontade de ir à aula, de andar de bicicleta na praça com meus amigos meninos, de subir no muro, correr até doer.

Vovô e Vovó moravam em um apartamento na avenida São João, no Edifício Três Leões. A primeira loja de chocolates da Kopenhagen foi aberta quase em frente ao prédio, do outro lado da rua. Vovô me dava uma nota de um cruzeiro, novinha, azul, linda. Como era bom. Balas de leite em latinhas coloridas e chocolates – eram cuidado, eram carinho e curavam.

O apartamento era pequeno, com um quarto e duas salas. Vovô no quarto, minha avó e minha tia em duas camas de solteiro na sala de visitas. Havia uma foto do Coração de Jesus, colorida e outras da bisavó e do bisavô. Aquelas fotos grandes, antigas.

Tia Cecília, asmática, era dona do closet. Ele tinha entrada pela sala de jantar, entre o quarto do Vovô e o banheiro. No closet Tia Cecília guardava a bombinha, seus remédios, roupas e todas as suas coisas. Só andava de luvas brancas. Saias rodadas. Era muito, muito magrinha e minha mãe dizia que ela parecia alguém que estivesse saindo de um campo de concentração.

Na época eu não entendia. O que era um campo de concentração? Certamente era lugar de gente muito, muito magra, ossos e pele, como a Tia Cecília. Ela passava *rouge* nas faces, pó no rosto e um batom vermelho nos lábios finos, finos. Os cabelos cobriam as orelhas, mas não chegavam aos ombros. Lisos, negros. Sempre de franjinha. O nariz era grande, fino, meio adunco. Tia Cecília tocava piano de ouvido, assim como meu avô. Tinha muito medo dos micróbios. Pegava nos trincos das portas com um pedaço de papel. Lavava sempre as mãos de dedos finos e ágeis. Costumava repetir alguns assuntos muitas vezes. Pensava em nós. Telefonava para dar conselhos e, como repetia muito, achávamos que era louca e chata. Pobrezinha. Quando irritada atormentava o Vovô e a Vovó. Algumas vezes, ouvi dizer, nunca vi, ele batia com os dedos fechados em sua cabeça. Teve uma quase filha, a Benedita, que, mocinha, veio ajudar a limpar a casa. Benedita casou-se, teve filhos, separou-se, teve netos e agora deve ter bisnetos e talvez tataranetos.

Tia Cecília nunca se curou da asma.

Morreu em um asilo, depois da morte de Vovô e Vovó. Deveria ter mais de 70 anos, solteira, magérrima. Inteligente e solitária.

8

Templos eram e ainda são considerados locais de purificação para livrar os seres humanos de seus males.

Hoje vemos em grandes templos multidões chorando, clamando e agradecendo curas e milagres.

Visitei muitas igrejas católicas no mundo todo, algumas sinagogas, algumas mesquitas, templos xintoístas, hinduístas e budistas.

Em todos sempre há rituais com água.

A água que purifica por dentro e por fora, que limpa os pecados do mundo.

Sem pecados estamos sãos, nos tornamos puros e santificados.

A água-benta, hoje proibida, era água com sal. Eu experimentei na infância. Assim como mastiguei um cantinho da hóstia para ver se sangrava, como diziam. "Não pode morder, precisa deixar derreter na língua." O corpo de

Cristo, o Cordeiro de Deus que livra os pecados do mundo. "Livrai-nos, Senhor, de todo o mal, amém."

Tomávamos banho e colocávamos roupa de domingo, roupa de ir à missa. Íamos encontrar Jesus. Na verdade, a maioria das pessoas estava mais interessada em ver como as outras estavam vestidas, se os véus nas senhoras e nas meninas eram de renda pura, de qualidade.

No passado acreditava-se que algumas doenças eram resultado de pecados graves cometidos.

Hoje entendemos que são genéticas ou adquiridas.

O pecado teria sido o descuido, os maus-tratos, a pobreza, a falta de alimentos adequados, os distúrbios mentais – que alguns continuam crendo que são espirituais.

Uma vez me deram um livrinho pequenino, de capa dura branquinha e com uma gravura suave. Acho que era de Nossa Senhora. Eu não sabia ler. Havíamos chegado cedo à Igreja da Consolação, onde de tempos em tempos íamos à missa dominical. Eu já estava com o livrinho nas mãos, um terço delicado em um dos braços. Mal a missa começou, levantei meu livrinho bem alto, para que todos vissem que eu o tinha e que sabia ler. Minha irmã puxou meus braços e virou o livro, que ficou de cabeça para cima. "Deixe de ser exibida", murmurou em meu ouvido direito. Minha santa irmã, sempre me colocando em meu lugar no mundo, mais quieta, mais humilde, menos exibida, mais calada.

Nas mesquitas devemos nos lavar antes de entrar.

Precisamos ir de saia comprida, roupas de mangas compridas e colocar um lenço na cabeça.

As mulheres têm lugares especiais para ficar, sempre atrás dos homens.

Na maioria das mesquitas há até uma seção separada por madeiras que mal permitem que as mulheres sejam vistas do outro lado.

Em algumas há torneiras do lado de fora, na rua, na calçada.

Lavar os pés: purificar-se.

Quando chegamos ao mosteiro como noviças, devemos chegar com as roupas medievais que até hoje são nossos hábitos monásticos.

Isso inclui sandálias feitas de palha de arroz.

Na entrada do mosteiro outras monjas nos aguardam com baldes de água morna e panos para que lavemos nossos pés.

Lavar os pés é como lavar os pecados, é purificar, é limpar e consequentemente refrescar, descansar.

Um gesto de boas-vindas.

Quando voltamos de esmolar, da mesma maneira somos recebidas com os baldes de água morna e as toalhas.

Pés limpos, mente limpa.

Nos templos xintoístas há fontes com pequenos dragões de ferro jorrando água. Conchas de bambu estão colocadas em volta dessa fonte.

Ao chegar, os visitantes enchem a concha e passam parte da água para a mão esquerda, que leva a água até a boca. Depois a pessoa enxágua e discretamente cospe no ralo ao chão.

Em seguida pega outra concha com água, lava a mão direita, a mão esquerda e por fim deixa escorrer no cabo da concha.

Purificação da boca, das mãos e da concha.

Só então podem adentrar os portões do pátio exterior do templo.

Apenas em ocasiões específicas e com hora marcada as pessoas podem adentrar o recinto sagrado.

Do lado de fora há um grande sino.

Tocamos o sino e nos reverenciamos.

Lá longe, distante, um espelho redondo antigo.

Batizados são com água e sal.

Casamentos e bênçãos.

No budismo é chamada água da sabedoria de Buda, transmitida de geração a geração desde o próprio Buda histórico.

Quando aspergida em um bebê, em um casal, em um aposento ou em toda uma residência, sobre um automóvel ou uma empresa, abençoa com a sabedoria suprema, afastando todos os males.

Nas mais diversas tradições espirituais, inúmeros rituais são de purificação e libertação de forças malignas.

Nos grandes templos budistas, como de Asakusa Kannon, em Tóquio, há um grande incensário bem antes de chegar ao templo principal. Fica quase ao lado da fonte do dragão. Assim, depois da purificação da água, as pessoas vão até esse incensário enorme, oferecem incenso aceso e se banham com a fumaça perfumada. Só depois adentram o grande terraço do templo.

Dizem que a imagem de Kannon Bodisatva em Asakusa é bem pequena. Uma imagem encontrada por pescadores no rio. Trouxe peixes. Fizeram uma capela.

Milagres, boa fortuna, fartura, alegrias, saúde. Virou santa. O templo ficou enorme, com muitos prédios e muitas imagens espalhadas pelo terreno. Gente de todas as partes. Devotas e curiosas juntas se cruzando no campo da fé que salva, liberta, cura.

Houve templos em que se faziam sacrifícios humanos aos deuses.

Hoje as ofertas são de flores, luz de velas e alimentos, preces e comprometimentos.

Fui visitar Machu Picchu, no Peru, depois de ter ido a Cuzco. Altitude, falta de ar no quarto. Pensei que a janela estivesse fechada. Chá de coca, coração acelerado. Em Cuzco havia uma igreja com o desenho de um sonho de São Domingos na parede. Cães, grande matilha, levando chamas acesas. Sonho de premonição – seriam seus seguidores, tantos e tantos fiéis iluminados. Tantos e tantos monges e monjas clarificando o caminho e a verdade.

Porém, em Machu Picchu vi altares de sacrifícios humanos, penhascos onde decerto algumas virgens foram empurradas em ofertas sagradas. Pedras onde a luz da lua cheia entraria pelas frestas de outras pedras, onde crianças perfeitas eram imoladas para que houvesse fartura e boa fortuna.

Havia um cantinho, embaixo de uma dessas pedras, onde o guia me disse que ficasse ali e meditasse. Forte, muito forte. Podia quase sentir gotas de sangue pingando sobre mim. O que fizeram nossos ancestrais? No que acreditavam? Quantas jovens e quantas crianças foram ofertadas para divindades imaginárias?

Meditei e orei. Revendo líderes e suas mulheres caminhando pelas ruas, banhando-se nos canais tão habilmente construídos e fugindo dos espanhóis que os escravizavam, abusavam e matavam. Plantações em montanhas, com conhecimento agrícola que precisamos ainda resgatar. Templos e altares com ofertas milenares. Tudo foi deixado para trás.

Eles acreditavam que oferecendo vidas humanas teriam melhores plantações, melhores colheitas. E seria uma purificação coletiva.

Que horror!

No *Sutra da Flor de Lótus da Lei Maravilhosa*, um dos grandes textos de ensinamentos de Buda, há um capítulo no qual ensinam como oferecer seu corpo, sua vida a Buda, queimando-se vivo. Hoje, isso não é uma boa prática, pelo contrário. Não deve ser feita.

Dias de jejum, meditando, orando e alimentando-se de incenso. Assim se consideravam purificados, sentavam-se diante de uma fogueira, em meditação profunda.

Os monges vietnamitas, para chamar a atenção do mundo e encerrar a guerra, sentavam-se em praça pública, chamavam a imprensa, aspergiam álcool ou gasolina sobre seu corpo e acendiam um fósforo.

Ficavam parados, quietamente meditando, enquanto seu corpo ardia.

Fotos impressionantes do autocontrole.

E a guerra acabou, os Estados Unidos perderam e se recolheram tristes, machucados, viciados e feridos física e espiritualmente. Voltaram. Mas da guerra não há volta. Em muitos, apenas a revolta. Tristezas, desajustados numa sociedade já sem sentido, depois de ver tantos corpos, tantos pedaços, tantos feridos e tantos envenenados pelo medo e pelo horror.

Depois houve a Guerra do Golfo.

Só me lembro de uma edição da revista *Time*, que há anos eu não via. No mosteiro, no Japão, não havia rádio, revistas, televisão. De repente me enviaram essa foto de capa tão sofrida, soldados cobertos de petróleo e as aves sem conseguir se mover, com asas negras, pesadas do óleo derramado nas águas.

Foi doloroso demais.

Inscrevi-me no retiro de gratidão e de homenagem à passagem de Buda desta para a outra margem... ele tinha 80 anos de idade, estava doente e fraco, deitou-se para morrer e fez seus ensinamentos finais.

Era um retiro severo, nas montanhas de Fukui, no templo sede, em meio à neve.

Fui. Iria, pela primeira vez, oferecer os méritos desse retiro para que cessasse a Guerra do Golfo.

Acordava às 3h da manhã para dar tempo de chegar antes de o sino bater na sala de meditação. Meus aposentos ficavam longe, corredores e escadarias.

Frio.

Resfriei-me. Febre de quase 40 graus. Mal conseguia respirar. Para chegar ao *gaitan* – terraço que circunda a sala central de meditação, onde apenas os monges em treinamento anual podem entrar –, eu me agarrava nos corrimões para subir as escadas. Os degraus de lá são baixinhos, mas é um morro, não é plano.

Houve um período, depois do almoço, onde havia meia hora de intervalo. Decidi me deitar em meu quarto. Era o único quarto sem janelas, um aposento pequeno, interno. Adormeci. Uma hora mais tarde uma jovem leiga veio me ver. Percebeu a febre, trouxe remédios.

Perdi apenas um dos vários períodos de zazen. Me levantei e fui me arrastando pelas escadarias até a minha almofada de meditação.

Havia algo maior do que eu mesma. Não estava lá para provar minha força e determinação, para me exibir e competir. Havia uma guerra que precisava acabar. Minhas pernas ficaram marcadas pelos tatames. O corpo todo doía. Não reclamei. Mantive-me em lótus completa do começo ao fim.

Ao retornar para o mosteiro feminino, em Nagoya, vi na estação de trem a notícia de que a guerra acabara.

Nevava. Era uma manhã silenciosa. Quieta também eu estava, por dentro e por fora.

Não houve outra experiência mística como essa na minha vida.

9

Como cessar o ódio e a vingança?

Como transformar a guerra em paz?

Ou "paz com a Terra", como exclama um índio norte-americano dos Dakota de quem não me lembro do nome, mas de quem a frase não me saiu da memória.

"Não é paz na Terra. Não é paz sobre a terra, como que a pisoteássemos. É paz com a terra. Ouvir a terra, ouvir o vento, as árvores, as folhas, os rios, as águas. Estar com."

Envolvimento é diferente de desenvolvimento.

"Des" é estar separado.

Envolver-se é estar junto, misturado.

Só assim é possível pensar em paz.

Polarização nos Estados não Unidos da América do Norte.

Como no mundo todo.

O que fazer para que haja união?
Metade de um lado e metade do outro.
Conflitos surgem, brigas, ataques.
O que é necessário para cerzir essa ruptura?
Somos capazes de ouvir para entender?
Tanta dor, tanto sofrimento onde poderia haver alegria e harmonia.
A quem interessa a divisão?
Quem lucra com a polaridade?
Ah! Pobres os que se consideram ricos e poderosos, mantendo seres humanos prisioneiros de suas manipulações viciadas.
Poder pelo poder – temerosa armadilha.
Abrir as mãos é deixar que todo o universo as ocupe.
Poucas pessoas têm essa capacidade.
Algumas se consideram mais hábeis, inteligentes e capazes de definir os destinos dos outros.
Contratam especialistas que facilitam seus propósitos e seus sonhos – supostamente benéficos.
Entretanto, como estão aprisionadas nas armadilhas da mente, são incapazes de sentir e perceber o que realmente seria benéfico ao maior número de seres.
Constroem palácios e palacetes cercados de seguranças e, mesmo assim, sentem-se inseguras.
Decidem e fazem com que as pessoas pensem ser essa a sua própria decisão.
Fazem o mal, pensando que estão fazendo o bem e acabam invertendo a harmonia da natureza.

Incapazes de compartilhar dos bens materiais e temerosos do despertar da humanidade, criam barreiras para evitar o contato direto com quem sofre e pede ajuda.

Afinal, nunca pediram ajuda.

Esses seres consideram-se semideuses, brilhantes, capazes, bondosos e corajosos.

Entretanto, podem estar construindo sua própria destruição.

Há um texto antigo, chamado *Majjhima Nikaya*, com ensinamentos do Buda histórico sobre as nossas inclinações mentais. Abaixo uma adaptação desse texto de mais de dois mil e seiscentos anos:

> Outros serão cruéis.
> Nós não devemos ser cruéis.
> Outros matarão seres vivos.
> Nós devemos nos abster de matar seres vivos.
> Outros pegarão o que não é dado.
> Nós devemos nos abster de pegar o que não é dado.
> Outros se engajarão em sexualidade imprópria.
> Devemos nos abster da sexualidade imprópria.
> Outros falarão falsamente.
> Devemos nos abster da fala falsa.
> Outros falarão maliciosamente.
> Devemos nos abster da fala maliciosa.
> Outros farão intrigas.
> Devemos nos abster de intrigar.
> Outros serão invejosos.
> Devemos não ser invejosos.
> Outros serão avarentos.

> Devemos não ser avarentos.
> Outros serão fraudulentos.
> Devemos não ser fraudulentos.
> Outros serão arrogantes.
> Devemos não ser arrogantes.
> Outros não estarão atentos.
> Devemos estar atentos.
> A outros faltará sabedoria.
> Devemos cultivar a sabedoria.
> Assim devem ser nossas inclinações mentais.

Embora possamos compreender essas recomendações, como é difícil mantê-las!

A mente nos causa mais transtorno do que os outros podem causar.

Nossos pensamentos nos perturbam mais do que os pensamentos de outras pessoas.

Por isso é importante a prática de observarmos em profundidade a própria mente, para não sermos enganados por nós mesmos.

Para que sejamos capazes de encontrar o caminho da cura.

Para que nunca mais haja a chuva radioativa, destrutiva, como foi em Hiroshima e Nagasaki, depois das bombas atômicas, ao fim da Segunda Guerra Mundial.

Guerras?

Haverá um tempo sem guerras.

Haverá conflitos, debates, mas seremos capazes de resolver dialogando, ouvindo, pensando juntos e criando condições para atender às necessidades essenciais.

"Sou anarquista", me disse o professor doutor Ricardo Mário Gonçalves, o primeiro monge budista brasileiro, que foi catedrático de história na Universidade de São Paulo (USP). Estávamos juntos numa sala de cinema, onde um cineasta japonês apresentava o documentário sobre *"As Três Joias"* (Buda, Darma e Sanga), no qual ele, eu e outros praticantes dos ensinamentos de Buda aparecíamos como protagonistas.

O professor doutor Ricardo Mário Gonçalves é um ser humano que respeito e admiro. A mídia costuma chamar de anarquistas pessoas que fazem bagunças, arruaças, quebram e incendeiam durante manifestações que deveriam ser pacíficas.

Ora, o professor é um monge tranquilo e sábio.

Fui estudar. Precisei pesquisar.

Anarquia vem do grego *anarkhos*.

An é uma negativa, refere-se à ausência de *arkhos* ou *arkhe*, que significa soberania, reino, poder.

Anarquia significa ausência de domínio, comando, governo, ausência de uma autoridade estabelecida.

Mesmo sem essa centralização de poder há liberdade e solidariedade.

Anarquistas pregam a igualdade, a economia solidária, a associação entre iguais na forma de cooperativas.

Em uma sociedade anárquica, ninguém manda em ninguém, mas todos cuidam de todos e tomam decisões conjuntas, sem autoritarismo.

Diferente de hierarquia.

Hier mais *arkhos*, *arcke*, ou seja, ordenação, distribuição de poderes com subordinação sucessiva de uns aos outros.

Talvez tenha surgido a partir de ritos sagrados (*hiera*) com o comando de um sacerdote.

Hierarquia angelical é a divisão dos anjos por ordem de importância: os mais nobres, os mais puros, os mais próximos do sagrado dirigem os menos nobres, menos puros, mais distantes do sagrado.

Há hierarquias de anjos, igrejas, templos, sistemas militares, políticos e organizacionais.

Anarquia, é preciso ressaltar, não é bagunça, confusão.

É um sistema político em que todos cuidam de todos e de cada um.

Não há um governo central, uma administração pública responsável e separada da população.

Todos se tornam corresponsáveis.

Já somos, mas não sabemos.

Pensamos que os outros é que devem fazer, cuidar.

No entanto, a vida precisa de cada um e de todos nós.

Por isso temos uma democracia participativa, com a qual elegemos representantes e precisamos participar da governança.

Sem eleger representantes, nós poderemos nos representar.

Cada dia isso se torna mais viável, com o desenvolvimento da tecnologia, que nos conecta em segundos, que nos facilita votar em projetos com grande rapidez.

Para tanto, a população precisa ter um nível de sensatez, conhecimento e harmonia que ainda nos falta.

Até chegarmos a esse estágio, temos que eleger representantes que se dediquem ao cuidado e ao bem-estar da saúde social.

É o sistema que temos.

Porém, se estivermos despertos não seremos enganados.

Poderemos verificar as ações de nossos representantes, participar de grupos de bairros, da administração da cidade, do estado e do país, checando as fontes de informação e sugerindo ações necessárias.

Podemos e devemos promover essa recuperação.

Pode demorar.

Mas não desistimos.

Há urgência e por isso há manifestações e solicitações do despertar da consciência coletiva para o bem comum.

Isso significa a cura física, mental, psíquica, espiritual e social.

10

Vivemos em grupos, sociedades.

Criamos regras de relacionamento, leis para manter a ordem, o respeito mútuo e a harmonia.

Todos temos direitos e deveres.

Quando direitos e deveres estão em equilíbrio, a sociedade é pacífica e saudável.

No Japão, a primeira Constituição foi baseada em princípios budistas da interdependência, impermanência, colaboração, cooperação e harmonia. Do Butão, um país totalmente budista, surgiu a medida da Felicidade Interna Bruta (FIB), opondo-se ao Produto Interno Bruto (PIB).

Manter a população feliz é o principal atributo de um bom governante.

A governança não é medida por valores monetários, mas por valores humanitários.

Há países, como o Japão, onde o bem coletivo importa mais do que o individual.

Sociedades nas quais a individualidade não é valorizada.

Há prós e contras. Relações horizontais prejudicam interações verticais e podem levar a graves consequências: por exemplo, suicídio infantil por abusos de outros alunos nas escolas, bullying que não pode ser mencionado a professores e pais.

Nem tudo é perfeito em sociedades na qual há discriminação preconceituosa a grupos de pessoas por suas origens ou suas funções.

Pessoas que foram chamadas de não humanas e excluídas de grupos sociais, vivendo em guetos.

Ainda há preconceito por grupos de pessoas que continuam excluindo e violentando direitos equitativos entre seres humanos.

Isso é uma realidade em muitos países, inclusive nos mais ricos e prósperos da nossa era.

A coragem é nossa companheira nessa viagem.

Coragem de testemunhar o outro em mim e eu no outro, ensinava Bernie Glassman, monge zen de Nova York, ativista social, que morreu em 2018.

Bernie, por sua vez, levava grupos de pessoas para visitar campos de extermínio nazista na Polônia. Testemunhavam as dores e os sofrimentos de todos que passaram por lá: judeus, ciganos, homossexuais, pessoas com necessidades especiais, deficientes físicos ou mentais, religiosos cristãos – ou seja, muitos foram os selecionados por mentes doentias para o extermínio.

Será que os oficiais da SS, os guardas e as guardas, técnicos, assistentes que lá trabalharam eram seres incapazes de sentir empatia por outros seres humanos?

Como compreender guardas que assassinavam em massa grupos de 2 mil pessoas de cada vez nas câmaras de gás?

O que dizer dos prisioneiros que eram crucificados, mutilados, usados para pesquisas científicas, abusados de todas as formas imagináveis, torturados pela fome, sede e frio, tornando-se ossos cobertos por pele, mas que, ainda assim, eram capazes de se mover e trabalhar?

Tanto horror. Como sentir compaixão por seres que obedeciam a comandos tão cruéis?

Certamente estavam todos envolvidos numa cultura de extermínio, ódio, fúria, violência e abusos, que foi se naturalizando e normalizando com o passar dos dias, meses e anos.

Dormiam bem à noite?

Sonhavam com seres magérrimos de olhos enormes, tristes, famintos e sedentos de reconhecimento?

Certa ocasião, na PUC de Curitiba, no Paraná, convidaram-me para a abertura de um programa de meditação disponibilizado pela universidade ao corpo docente e discente. A celebração foi em um encontro inter-religioso, aberto pelo reitor da universidade. Depois um monge cristão, ligado a uma ordem meditativa católica, sentado ao meu lado, relatou que uma das pesquisas nazistas da qual ele teve conhecimento, pois ele era descendente de sobreviventes do Holocausto.

Colocaram um grupo de homens nus em uma jaula e na frente deles outra jaula lotada de mulheres nuas. Entre as duas jaulas colocaram uma mesa repleta de alimentos. Estavam interessados em saber se, ao abrir as jaulas, as pessoas iriam primeiro atacar os alimentos ou manter relações sexuais. Qual instinto seria mais forte? Da fome ou do sexo? As jaulas foram abertas e, para surpresa dos que se chamavam cientistas, as pessoas, respeitosa e amorosamente, se abraçaram, choraram e se confortaram. Nem comida, nem sexo. Carinho, afago, acolhida são a força motriz da espécie humana.

Por que nos afastamos do que é nossa essência?

Descendentes de soldados nazistas também visitam os campos de extermínio, tentando compreender seus antepassados – o que os teria feito agir daquela maneira?

O que faz um ser humano obedecer a ordens cruéis sem questionar?

Medo?

Escondiam-se atrás da fidelidade aos seus superiores?

Sentiam prazer ou dor em suas ações?

Ou já não sentiam mais nada, anestesiados pelo absurdo?

Há prazer em matar e torturar?

Deve haver.

Há postagens e notícias em que grupos vingadores esfaqueiam, cortam órgãos externos e enfiam nos corpos dos traidores, dos mentirosos, dos que devem e não pagam suas dívidas.

Há muita violência em nós.

Precisamos observar em profundidade, reconhecê-la e transformá-la.

Ninar nossas raivas e nossos rancores, sentimentos de vingança e retaliação.

Devemos acolher e pacificar as feras que habitam em nós.

Negar ou afastar não é a solução.

Quando identificamos e reconhecemos podemos fazer algo a respeito.

Diagnosticamos o mal e procuramos caminhos de libertação, de cura.

Assassinaram João Alberto, o Beto, no estacionamento do supermercado.

Um segurou, outro bateu, outros olharam. Morreu asfixiado com um joelho sobre suas costas. Beto era negro.

Os dois seguranças do supermercado eram brancos.

Brancos e descontrolados, abusivos, maus.

Medrosos, covardes. Um segurava e o outro batia.

Por que não uma luta entre iguais?

Que vergonha testemunhar um crime racista.

"Negro, seu lugar é na senzala. O que está fazendo na loja dos brancos, seu negro imundo? Volta para a África", assim pensam os racistas.

E colocam um copo com leite na mesa – símbolo da supremacia branca.

Alguém ainda acredita que brancos são melhores do que negros, indígenas e orientais?

Qual a raça superior num mundo em que a biologia reconhece que somos uma só família – a humana?

Quem colocou, manteve e estimulou o preconceito, o racismo, os abusos de poder nas criancinhas?

Que educação ou que falta de educação, falta de formação, de capacitação nos faz cometer crimes terríveis?

É preciso falar alto sobre racismo.

Não para incitar a raiva, quebrar lojas, queimar carros, ferir.

Falar para entender, para não ter medo, para dar visibilidade ao que é e mostrar como pode ser.

Sem nada pelo qual matar ou morrer.

Beto morto fica na história.

"Beto vivo de nada serviria" – querem agora difamar o cidadão.

Mas que importa? Fosse um santo, fosse um demônio.

Nasceu negro – seria seu carma?

Carma é o que você faz com o que surge para você.

Nascer branco ou negro não é carma do passado.

É realidade presente.

O que você faz para que seja diferente?

Como você trabalha para acabar com as injustiças?

Sem raiva, sem rancor nem tristeza, você pode ser um ativista social, levando a razão para a mesa de debate.

Prove, comprove, demonstre.

Racismo estrutural.

Fingindo que não são racistas.

Bem que Martin Luther King proclamou: "Conseguirei que vocês frequentem os mesmos lugares, a mesma lanchonete que os brancos, mas não acredito que terão meios de comprar um lanche".

Racismo estrutural, da estrutura social.

Amarrados e condenados.

Alguns que saem da senzala passam a falar como os da casa-grande.

Tornam-se feitores.

Batem e maltratam seus irmãos e irmãs.

Alguns despertam e se tornam ativistas sociais, correm riscos, mas não desistem de transformar um país onde a maioria da população – no Brasil, cerca de 60% – é afrodescendente e não tem participação porcentual semelhante na sociedade.

Mas tem muito branco malvado. Principalmente aqueles que falam de primazia branca.

Havia um jovem branco que batia na avó, pois queria dinheiro.

Vivia à custa dela.

Quantos vivem à custa das avós aposentadas?

Só se aproximam para pedir dinheiro e nem agradecem.

"Obrigação da velha. Vai fazer o que com a grana? Nós que somos jovens precisamos do que as idosas e os idosos não precisam mais."

Alguns pensam assim.

Quantos crimes são cometidos por esse pensamento torpe?

Medo de apanhar, de ser queimada por cigarro.

"Loucura de família, tenho que aguentar, o neto é doente, tenho que aceitar, cuidar." Há vovós que pensam assim.

Algumas morrem, engolidas por esses lobos maus. Lobo bobo. Lobo que perde sua presa e não pode mais comer, beber, fumar, defecar.

"Socorro! Socorro! Me ajude!"

Com voz rouca, lá no fundo da gravação, Beto gemia e urrava.

Sangrava.

Beto morreu.

Eu não queria ter visto, mas vi.

Longe, na tela de TV.

Vi a moça com *walkie-talkie* na mão brigar com quem filmava, mas que deviam bater mesmo nele, que merecia.

Agora os outros merecem cadeia, cana, reeducação. Aprenderão?

Quem sabe...

Beto morreu, sangrou e morreu.

A empresa se empenha em publicidade pedindo absolvição.

"Não é o pensamento da empresa. Nem racistas somos, pois temos muitos empregados negros e pardos."

Sabem até a porcentagem – andam contando na garagem?

Testando a melanina?

Mais claros para cá, mais escuros para lá.

Seria café que estavam separando?

Torra clara, torra escura.

Torra.

Torrando.

Chega de matar gente.

A cor protege do sol forte, mas não protege do açoite, do ódio, dos murros incessantes na cabeça.

Sangra.

Que sanha é essa?

Ser humano perdido, afundando no ódio desmedido, não consegue parar.

Sente-se forte e poderoso aquele que é o fraco e o medroso.

Menos armas e mais amor, respeito e tolerância eram frases de décadas atrás.

E agora?

A sensação de poder se defender – pois estamos com medo.

Surge a necessidade imaginária de que se estivermos armados seremos poderosos com a força divina de tirar vidas.

Mata, fere, atira e morre.

Morre quem atirou, morre quem recebeu o tiro.

Você pode se defender de si mesmo?

Quais as armas que usa para evitar a confusão mental, a falta de afeto e os relacionamentos desafiadores?

Ativismo social significa compreender e transformar, erradicar preconceitos, abusos, genocídios.

A cura exige engajamento social.

Engajamento social está presente em todas as grandes tradições espirituais.

Como encontrar o sagrado se não cuidamos de quem está ao nosso lado?

Outro?

Que outro?

Ser humano semelhante e ao mesmo tempo diferente e distante.

Trazer para perto, reconhecer a si no noutro e o outro em você.

Coragem, não medo.

Sem saneamento básico, sem água pura, cristalina, sem esgotos e sem prevenção de doenças, as crianças se contaminam brincando com dejetos e vivenciando ódios, rancores, brigas, crimes, desafetos entre adultos e adolescentes que nunca aprenderam a amar.

Repetem os modelos impressos desde antes de nascer ou se revoltam e usam as energias prejudiciais de que se alimentaram desde o útero materno para se tornarem justiceiros.

Quantos Robin Hoods modernos, roubando carros e motos, cargas de caminhões e vendendo barato nas feiras das comunidades carentes.

Ladrão que rouba ladrão tem cem anos de perdão.

Assim não se sentem culpados e se defendem como se fossem ativistas sociais.

Posso até compreender, mas não concordo com esse ativismo.

Há outras maneiras de impedir os abusos das classes dominantes.

São caminhos a percorrer.

Longos, áridos, difíceis.

Todo um processo educacional na redefinição de valores e meios para acessar uma sociedade mais justa e cooperadora, compassiva e sábia.

Sem nada pelo qual matar e ou morrer.

É necessária uma força para sair da inércia, nos ensina a física.

O zen não nega a ciência e suas descobertas, mas fala de um esforço sem esforço, de um eu não eu, da sutileza em criar situações de mudança sem forçar, sem temer, sem ameaçar.

Cooperação, coexistência e compaixão são essenciais para a cura social e pessoal.

Trabalhar junto significa cooperar, deixar de lado a competição, não se sobrepor, mas partilhar conhecimentos e tarefas, formar equipes em que todos ganham juntos ou todos perdem juntos.

Só assim adentramos em uma nova cultura, promovendo outra maneira de ser, de pensar, de falar, de coexistir.

A sobrevivência da nossa espécie depende dessa mudança.

A isso chamo de restaurar uma tessitura rasgada, rompida ou corrompida.

De cura.

Imunidade não é impunidade.

Imunidade é criar anticorpos poderosos, ficar imune, não se contagiar, não adoecer.

Impunidade é criar vínculos poderosos, ficar impune, não receber condenação, não se deixar prender.

Palavras parecidas e diferentes.

Imunidade beneficia a pessoa e a sociedade.

Impunidade prejudica a sociedade e pode aumentar o contágio dos corruptíveis.

Havia um homem que gostava muito de mandar e desmandar. Estava sempre aos gritos e tinha constantes acessos de raiva e destempero. Era querido por muitos, que preferiam silenciar a discordar dele.

Ele era um homem bom, com boas intenções. Entretanto, era incapaz de controlar sua fala, seus gestos e seus pensamentos. Acabava sempre tomando decisões precipitadas e muitas vezes teve de refazer o que havia feito na correria, na pressa de mostrar ao mundo – e a si mesmo – como era bom, eficiente e esforçado.

Aos poucos foi reunindo à sua volta um grupo de pessoas que o admiravam e o obedeciam. Parecia que tudo transcorria bem. Ele trabalhava tanto que muitas vezes se sentia mal. Por isso passou a beber um pouco, algumas noites, para relaxar.

Desse relaxamento surgiu o desejo sexual e se envolveu com uma pessoa do grupo de admiradores pessoais. Estavam felizes e não se preocupavam em demonstrar publicamente seu afeto, mesmo na frente da antiga esposa. Esta acabou se incomodando e pediu para que fossem namorar num outro lugar. Mas, todos os dias, o casal amoroso voltava para trabalhar, comer e algumas noites beber e festejar.

Os mais antigos, percebendo que o bom homem estava se afastando dos seus propósitos iniciais, resolveram chamá-lo a uma conversa particular. Certamente poderiam pôr algum senso em sua cabeça.

Eles se reuniram e enquanto aguardavam a chegada do amigo conversavam entre si. Como falar com ele e explicar que sua atitude estava errada? Era uma pessoa explosiva, mas não podiam continuar tratando-o como um adolescente, uma criança. Talvez tivesse chegado o momento da maturidade e de ajudá-lo a crescer. Porém, o homem, na antessala, ouviu a conversa dos mais antigos e, sem mesmo adentrar na reunião, saiu batendo portas e gritando que iria embora, já que não era compreendido.

Horas mais tarde enviou mensagem a todos seus seguidores dizendo que tudo abandonaria, irrevogavelmente e por tempo indeterminado. *O que estaria acontecendo*, pensaram todos, pesarosos. *Nosso líder, o bem-amado, deve ter sido deposto por pessoas mal-intencionadas.*

Assim sendo, sem ninguém saber exatamente o que ocorrera formaram-se dois grupos adversários: os que defendiam seu líder e os que o amavam e queriam fazer dele um líder verdadeiro, capaz de pensar no bem de todos.

Incapacitado de ir além de si mesmo, só se lamentava pelo tempo que dedicara ao grupo e ao trabalho. Que era um incompreendido, que as pessoas eram más, que não reconheciam seus feitos e que o haviam despejado.

Confusão armada.

De um lado seus fiéis escudeiros e seguidores. Do outro, aqueles que o queriam mais forte e saudável. Porém não se entenderam e a guerra começou. Iniciou com guerrilha legal. Advogados daqui e dacolá. Depois houve ocupação. Briga e confusão.

Passaram-se semanas, meses, anos. O projeto de uma cidade foi esquecido. O mato cresceu e só ficaram ruínas das obras tão arduamente construídas.

Cavalos selvagens e macacos silvestres tomaram conta da área. Corriam livres e se reproduziam. De tempos em tempos alguém vinha tentar montar e era derrubado pelo corcovear dos cavalos ou pelas pedras atiradas pelos macacos, que gritavam e exibiam seus dentes agudos.

Virou uma área selvagem. Vizinhos construíram cercas de arame farpado elétrico.

A bicharada formou uma sociedade hierárquica. Os mais antigos eram respeitados e cuidados. Os mais novos eram educados a cumprir e obedecer aos mandatários.

A comida era repartida, as áreas demarcadas e todos viveram felizes até chegar o dia em que houve um grande incêndio nas matas.

Teria sido acidental ou proposital? Nunca se soube. Era época de seca. O mato queimava. Pássaros voavam aflitos, cobras e lagartos assados. Árvores e arbustos torrados. Macacos e cavalos queimados. Alguns conseguiram fugir para perto dos lagos.

Os antigos, do grupo do homem bravo, haviam morrido. Os jovens se tornaram antigos.

Depois das chuvas, quase um dilúvio, conseguiram chegar aos barcos. Havia ainda alguns resquícios das antigas edificações humanas. Pouco a pouco foram limpando, verificando, reconstruindo casas palafitas por causa das enchentes constantes. Alguns se mudaram para lá. Depois outros e outros mais. Fundaram uma cidade com capela, cemitério, padaria, mercado, casas e apartamentos. A tecnologia estrangeira ligou todos a um grande cérebro no céu. Ficava numa nuvem imensa, onde um macaco e um cavalo comandavam as informações e tomavam as decisões.

A história da origem foi esquecida. O homem forte e bravo desapareceu. Seus seguidores foram o seguindo até o fim. Foi desaparecendo aos pouquinhos, como pontos pintados numa folha de papel.

Qual a moral dessa história?

Que nem o bem nem o mal perduram.

Que o amor incondicional volta ao silvestre, ao natural.

A natureza é movimento e transformação.

Nada permanece o mesmo.

Quem despertar poderá evitar o desaparecimento de um projeto, de um sonho.

Mesmo assim será por pouco tempo.

Civilizações surgiram e desapareceram.

11

Enquanto houver ganância, raiva e ignorância controlando a mente humana não haverá harmonia e paz.

Quando o ser humano for capaz de se autoconhecer e utilizar seu potencial para o bem de todos os seres, haverá bem-estar político, econômico, social, ambiental.

Somos a vida da Terra.

Planeta azul, pintado de branco.

Nos Estados não Unidos da América do Norte os vermelhos são os republicanos e os azuis são os democratas.

Quem não gosta dos comunistas, como fica?

Talvez tenham que pintar os vermelhos de azuis?

Terra.

Pachamama.

Que tal nas Nações Unidas ter na cúpula interna pintada a Mãe Terra?

A sugestão foi de Leonardo Boff.

Será que foi aceita?

Estamos unidos pelo bem comum ou por interesses incomuns?

Há ruínas de civilizações antigas no Egito, na Grécia, em Roma, no México, no Peru, na Índia...

Em tantos lugares e até no fundo dos mares.

Será que a nossa civilização também desaparecerá pelos venenos, vírus?

Venenos de outras espécies que danificam a nossa ou os venenos da ganância, da raiva e da ignorância humanas?

Para venenos de outras espécies e para vírus tenebrosos que se modificam quando conseguimos vacinas já sem efeito podemos criar anticorpos.

Trabalho que levará tempo, e muitos perecerão e muitos se salvarão.

O mesmo para os venenos que perturbam a mente das criaturas humanas.

Seremos capazes de criar anticorpos para a ganância?

Sem nos importarmos com poder, fama e lucro seremos capazes de cuidar e curar impedindo o aquecimento global, as queimadas das matas, a formação de desertos, a morte de tantas espécies de plantas, insetos, animais, peixes e aves?

Durante a pandemia, ficamos sabendo dos animaizinhos lindos e prisioneiros por suas peles – todos dizimados por serem portadores e transmissores do coronavírus mutante.

Que pavor! Que tristeza!

Um povo, um país, uma sociedade que me parecia tão avançada matava anualmente milhões de animaizinhos criados em cativeiro para vender suas peles...

Como dói.

Até quando?

Será que algum dia poderemos despertar e deixar de ser predadores para nos tornarmos cuidadores?

A cura depende de você, de mim, de cada uma, de cada um de nós.

Lembro-me dos cartazes de John Lennon e Yoko Ono, há tantos anos, espalhados pelas grandes capitais do mundo:

The War is Over – if you want.

A guerra acabou – se você quiser.

O que você quer?

A nossa vontade, a vossa vontade é importantíssima para o fim dos genocídios, homicídios, feminicídios.

Não significa apenas pensar positivamente, embora o pensamento altere a realidade por meio de ações firmes e decididas.

Ações, palavras e pensamentos.

Vamos juntos nessa?

Essa é a onda na qual podemos surfar.

Essa é a onda que podemos furar.

Essa é a onda na qual podemos mergulhar e nos desmancharmos em moléculas de água salgada para nos refazermos do lado de lá.

Do outro lado.

Sem matar animaizinhos lindos, mas podemos tê-los como bichinhos de estimação, nos aquecendo nos dias frios com seus corpinhos quentes e macios.

Podemos ter vacas, galinhas, bois e frangos, coelhas e coelhos convivendo livres e em harmonia. Cavalos e éguas soltos nos pastos, galopando com seus potrinhos.

Baleias e atuns, peixes e crustáceos de todas as espécies vivendo em seus palácios marítimos, santuários de reprodução e convívio.

Podemos nos tornar vegetarianos e veganos – mas, cuidado, as plantas estão vivas. As frutas, os vegetais, tudo é vida pulsando, sentindo.

Pedindo apenas permissão.

Será que sentimos o que sentem as árvores e os arbustos, a grama e os muros?

Como cantam em *Pocahontas*, será que conhecemos as cores do vento?

Tudo vive e tudo manifesta pura energia vital.

Cuidemos.

Respeitemos.

Curemos nosso coração das mágoas sem-fim.

Curemos nossa mente das dúvidas pungentes.

Curemos nossa dor.

Curemos nossa vida, nossa enfermidade, nossa ferida.

Enxuguemos as lágrimas de Kannon Bodisatva, aquela ou aquele que vê os lamentos do mundo e atende às necessidades verdadeiras.

As lágrimas de Kannon Bodisatva são as lágrimas da humanidade.

É preciso ter a coragem de testemunhar o outro em você e você no outro.

Identificação, empatia é para pessoas corajosas.

Alguns preferem o afastamento porque estão contaminados com o vírus do egoísmo.

Precisamos ouvir, incluir, compreender.

Aprender a compartilhar, a não pedir nada para si mesmo.

Aprender a ser livre e leve como uma pluma na brisa de primavera.

12

Aos 12 ou 13 anos de idade, tive meu primeiro beijo numa festa no Edifício Bretagne, em Higienópolis. Ele era loiro, bonito, dançamos e demos um beijinho de leve. Noossaaa! Contei para minhas conhecidas. Uma tarde elas estavam em casa me visitando e ele me telefonou. Fiquei feliz, atendi. Ao meu lado, as supostas amigas me disseram: "Mas ele é judeu". O que seria ser judeu? Falei para ele, ao telefone: "Você é judeu?". Ele respondeu que sim e continuou conversando outro assunto. Precisei perguntar à minha mãe: "O que é ser judeu?".

Mamãe me deu de presente um livro: *O diário de Anne Frank*. A menina escondida durante a Segunda Guerra Mundial. Depois houve uma peça de teatro baseada no livro e minha mãe me levou. Judeus, judias, campo de concentração, guerras, violências, abusos, perseguições, sofrimentos, fome, maus-tratos, mortes, medo, medo, medo. Susto, ansiedade, morte. Um povo perseguido.

Conheci uma senhora, Hannah, sobrevivente do Holocausto, que deu seu testemunho durante um dos retiros anuais em Auschwitz que participei virtualmente em novembro de 2020. Hannah, agora com mais de 80 anos de idade, contou sua história, com os olhos semicerrados. Faz parte de um grupo de sobreviventes que recontam as histórias medonhas. "O que Hitler fez não acabou, continua fazendo. Eu era menina, uns 7, 8 anos. Ansiosa, assustada. Passei isso para minhas filhas e netas. Não termina em nós. É medonho. Isso não pode se repetir, jamais."

Cenas de filmes, como as de *O pianista*, mostram cidades bombardeadas, poucos sobreviventes e entre eles um pianista, que encontra um piano e toca para oficiais da SS que o acobertam para poder ouvi-lo. A arte, a música sem fronteiras, sem partidos, para os bons e para os maus. Mesmo os mais perversos têm seus momentos de tristeza, de dor, momentos de apreciar a beleza e a arte.

Há cura para as maldades inimagináveis?

Como nós, seres humanos, podemos ficar tão insensíveis ao sofrimento e à dor de outro ser?

Nós nos adaptamos?

Nós nos acostumamos?

Durante as guerras todos os crimes, torturas, abusos revelam aspectos do ser humano.

Tudo que é humano não me é estranho – quem teria dito essa frase?[1]

Como é verdadeira.

Somos capazes de grandes atrocidades.

E também podemos realizar grandes atos de bondade, caridade, solidariedade.

Vi filmes de crianças pequenas cortando um lindo ursinho de pelúcia branco com uma espada.

Sendo treinadas a matar, trucidar sem piedade.

Dos bonecos aos seres humanos.

Sendo aplaudidos pelos adultos por sua crueldade.

Exemplares seguidores de pessoas treinadas a matar.

Mas também há pessoas incapazes de destruir.

Há aqueles que se tornam grandes autores, pintores, musicistas, artistas, cientistas, especialistas em várias profissões e atividades, capazes de nos fazer pensar, questionar sistemas e treinamentos de violência, demostrando que há outras maneiras de ser.

Ainda que alternativas da não violência sejam sentidas, pelos violentos, como afronta e provoquem mais ataques.

É possível ouvir para entender e ser capaz de desmantelar toda programação de ódio.

Essa transformação só pode ocorrer pela acolhida, compreensão, sabedoria e compaixão.

---

1. "Sou homem: nada do que é humano me é estranho", de autoria de Públio Terêncio Afro, dramaturgo e poeta romano, nascido entre 195--185 a.C. e falecido por volta de 159 a.C. [N. E.]

Só o amor pode salvar a humanidade.

Amor também pode e deve ser treinado, apreendido, sentido, desenvolvido e compartilhado com todos os seres.

Desde a Antiguidade mais remota há sábios e sábias nos dizendo isso.

Alguns morreram por amor.

Em novembro, há quase trinta anos, organiza-se um retiro de cinco dias em Auschwitz. Os nomes de todos os mortos são lidos. As pessoas meditam e oram nos corredores da morte, nos alojamentos, nas câmeras de gás. Restos de cabelos, ossos, óculos, roupas, corpos amontoados.

Se aprendermos a ouvir e testemunhar, podemos nos transformar e liberar.

Curar.

É preciso curar os seres humanos dos abusos e violências, dos genocídios e maldades.

Curar os feridos, as vítimas.

Curar até mesmo os vitimadores.

Compreender não significa aprovar e/ou aceitar.

Podemos entender homens e mulheres inteligentes, hábeis, que tiveram boa educação e lares aparentemente saudáveis se tornarem algozes de outros seres humanos.

Há várias causas e condições.

Mas não podemos aceitar nem permitir que se repita.

Qualquer indício de autoritarismo, de abuso de poder, de discriminações precisa ser apontado e evitado.

No Japão, durante os anos finais de minha formação, fizemos profundos estudos sobre discriminações.

Textos que vinham da Índia, do sistema de castas que tão brutalmente exclui seres humanos e os considera não humanos. Mesclados em textos religiosos, tudo precisou ser revisto, revisitado.

Os grupos de pessoas discriminadas e excluídas socialmente eram chamados de animais, dos que andam de quatro: os que tingiam tecidos para a aristocracia, os que faziam os tambores para os templos, os que produziam tinta preta para textos sagrados e obras de arte, os que trabalhavam em matadouros, que produziam alimentos vindo de animais para matar a fome de tantos seres humanos. Os que cuidavam dos mortos.

Ainda há muito preconceito, no Japão, na América do Norte, no Brasil, no mundo.

Geralmente os fracos, os medrosos discriminam e atacam pessoas nas ruas, no trabalho, nas redes sociais.

Incapazes de reconhecer em si mesmos o pavor que o outro sente, da concorrência e da liberdade de expressão que lhes foi negada desde antes do nascimento.

Educação é a chave da transformação.

Para isso precisamos de educadores capazes de educar, de formar seres humanos livres e responsáveis, atuantes no mundo com um olhar mais amplo, abrangente e inclusivo.

Educar educadores para o livre pensar, questionar de forma que não sejam manipulados nem queiram manipular ninguém.

Tarefa imperativa afirmativa.

Há pessoas com medo da tecnologia, das *fake news*, dos algoritmos capazes de influenciar maneiras de ser, de pensar, de consumir, de atuar.

Tudo isso é possível.

Inclusive, o despertar.

Despertar significa perceber, observar em profundidade e não ser ludibriado, enganado pela tecnologia, pela arte da propaganda e da publicidade.

Despertar depende de autoconhecimento.

Conhecer a si mesmo, conhecer seu corpo e sua mente em grande intimidade, de forma a não se deixar convencer pelas artimanhas tecnológicas e mercadológicas.

O que importa?

O que você acha essencial?

Saint-Exupéry diria que "o essencial é invisível aos olhos".

Eu digo que sim e não.

Podemos ver claramente e sentir de maneira plena a ternura de aguardar por um encontro amoroso.

Encontros amorosos são possíveis entre pessoas capazes de amar.

Pessoas que amam sentem piedade por aquelas incapazes do amor, da ternura, do afago e do afeto.

Algumas têm até medo e fogem de quem as quer bem.

A mente humana é intrincada, complexa.

Conhecer a sua própria mente é tarefa de toda uma vida ou de muitas vidas.

Vale tentar.

Sente-se, com a coluna ereta, alongando – sem tensão – a coluna vertebral e a cervical.

O queixo fica paralelo ao chão.

Respire conscientemente por alguns instantes.

Seja a respiração.

Sem expectativas.

Esteja presente e livre.

Sem nada a ganhar e sem nada a perder.

Um ser humano respirando, pensando, não pensando, observando e sendo observado por si mesmo, deixando de lado o observar, tornando-se presença pura.

Capaz de reconhecer sentimentos, emoções, sensações, conexões neurais, consciências.

Adquira consciência da respiração, das narinas, dos odores, da caixa torácica, do abdômen, de todo o corpo.

Consciência da mente, de cada um dos sentidos e da própria consciência que gerencia tudo que chega pelos sentidos.

Consciência da consciência que leva e traz informações que chegam pelas consciências dos sentidos até uma grande memória.

Consciência da grande memória ancestral que enviará uma reação ao que chega até ela.

Nesse momento, a consciência que traz de volta uma resposta ou reação à entrega à consciência que nos fará agir, falar, pensar.

Aqui está a chave da mudança.

Podemos escolher a resposta em vez de uma reação.

Talvez apenas 5% de livre-arbítrio. Eis o momento de usá-lo.

Escolha.

Decida.

Vai subir ou descer a escada que foi posta à sua frente?

Ou vai parar nesse degrau imenso, onde tantos oscilam incapazes de decidir?

Não é uma escada de pintor, frágil.

Talvez seja uma escadaria de grandes degraus estáveis, longos, capazes de conter milhares de criaturas.

Não estacione para sempre.

Reflita.

Observe, considere.

Você pode acessar níveis mais profundos de compreensão e, logo, mais responsabilidade.

Pode fingir nada entender e se tornar irresponsável.

A irresponsabilidade pode causar dores e transtornos.

Pense, observe, decida.

Liberdade tem a ver com responsabilidade por suas escolhas, palavras, decisões, gestos, pensamentos e ações.

Apenas 5% de total liberdade de escolha.

Use-a em momentos decisivos.

"O maior altruísta é o maior egoísta", escreveu uma vez Millôr Fernandes.

Verdade.

Só seremos perfeitamente felizes e saudáveis se todos estiverem felizes e saudáveis.

Estamos interligados.

Repito a frase sagrada dos ensinamentos da sabedoria completa: "Nada tem uma autoidentidade substancial independente e permanente".

Silencie.

Respire conscientemente por alguns instantes.

Coluna ereta.

Reflita.

Desperte.

Talvez seja necessário chegar ao fundo do poço, não ter mais nenhuma expectativa da vida e do mundo, para poder, sem nada a perder, manifestar-se e manter-se à procura da cura, da transformação de si e da sociedade.

Mas isso não corresponde ao suicídio.

Podemos morrer no *zafu*.

Zafu é uma palavra japonesa que significa "almofada de sentar".

Za é sentar e *fu* é almofada.

Morrer no *zafu* é abandonar todas as ideias e os conceitos de si e do mundo para entrar em contato com o real, o inefável.

A realidade está em constante transformação.

Não é necessário acabar com sua vida física, mas com os personagens que criamos.

Estes são frágeis, objetos das nossas imaginações e anseios.

O eu verdadeiro, mais íntimo, é livre. Acessar esse local é um processo longo e depende de muitos fatores.

Assim é a cura.

Depende do cuidado, do respeito amoroso, dos remédios, das drogas, dos especialistas, de inúmeras causas e condições, incluindo a disposição de quem procura pela cura.

No *Sutra da Flor de Lótus da Lei Maravilhosa*, um dos últimos ensinamentos do Buda histórico, há um capítulo sobre o médico que viaja muito para cuidar de doentes. Seus três filhos também estão adoentados, mas não se consideram doentes e se recusam a tomar os remédios feitos pelo pai. Percebendo a mente de seus filhos, ele se despede para mais uma viagem e deixa o remédio com uma recomendação para que o tomassem. Os jovens, poucos dias depois, recebem a notícia da morte do pai. Tristes e saudosos decidem tomar o remédio e se curam. O pai, sabendo da cura, retorna. A pergunta que Buda faz a seus discípulos é: "Esse pai deveria ser culpado de falsidade?".

Quais os meios hábeis que você usaria para salvar alguém, para tornar alguém inteiro, completo, sem medo, sem estar dividido, sem dores e dúvidas, sem medos e com a possibilidade de viver plena e satisfatoriamente?

Reflita.

Que meios hábeis você usa para se libertar e viver com plenitude?

A pandemia trouxe o isolamento social e o medo de adoecer, transmitir doenças, sofrer, sentir dor e até morrer.

Qual é o caminho da cura?

Sequelas de toda sorte.

Desequilíbrios emocionais.
Brigas, divórcios, separações, assassinatos, crimes, suicídios.
Depressão – a doença do século – atingindo muitos.
Cadeias lotadas.
Perseguições políticas acobertadas pela bandeira nacional e por outras bandeiras. Abusos de poder por quem se considera incorruptível e aponta seus dedos sujos, maculados, para outras pessoas e grupos.

Essa é a doença da humanidade. Isso está acontecendo em vários países e aldeias. Até quando? Será que a humanidade – ou seja, cada um, cada uma de nós – poderá despertar para um relacionamento diferente com o amor e com o poder, com a administração pública e a riqueza pessoal?

Seremos capazes de desenvolver circuitos neurais mais fortes e permanentes de cuidado respeitoso a todos os seres, essencial para o processo de cura?

Essa doença tem cura?

Esses males físicos e mentais, sociais e pessoais podem ser curados?

Podemos nos tornar sãos, santos, santificados pela bondade e pela capacidade de restaurar a pureza do olhar infantil, que se maravilha nas descobertas da vida?

É como voltar ao paraíso, sem nunca ter saído dele.

É perceber, é maravilhar-se com a preciosidade de cada instante. É viver.

Há dificuldades e problemas.

Soluções e facilidades.

Crimes, genocídios, holocaustos – até quando?

Será possível haver cura para a discriminação, o preconceito, o ódio?

Jovens israelenses ou jovens de famílias judias do mundo todo são convidados a visitar Auschwitz-Birkenau. Durante a visita e diante dos horrores impostos aos prisioneiros nos campos de extermínio, guias dos grupos dizem aos jovens que isso não acabou.

"Ainda poderá acontecer novamente, pelos palestinos, pelos árabes."

Essa história me foi contada em um encontro com um ativista palestino.

Ativista pela paz corre risco de ser morto. Quer seja judeu quer seja palestino.

Há muitos que não querem a paz.

Cultivam ódio e medo.

Medo e força é o que leva às guerras, aos ataques.

Jovens soldados e homens armados, ameaçados e assustados, temerosos e rancorosos são como pólvora e fogo.

Certo dia esse homem palestino foi com seu amigo judeu a uma manifestação pela paz, em Israel. O filho do homem judeu estava servindo o exército. Talvez atirasse no próprio pai, se fosse necessário ou ordenado.

Estamos atirando em nossos próprios pais, irmãos, irmãs, mães, amigos e amigas. Até quando? Quando seremos capazes de perceber as intrigas e manipulações de uns poucos – que não estarão nas áreas de combate – que almejam poder, fama e lucro?

Desde os tempos mais antigos, líderes espirituais nos ensinam a ter cuidado com o poder, a fama e o lucro.

Armadilhas do caminho. Não se deixe prender. Há um caminho mais profundo e sutil, uma escada longa. Não pare no caminho. Suba. Perceba as tentações e não caia. Ainda há mais e mais. Até chegar aonde há você vazio de intenções.

O caminho da política é para os despojados de sucesso pessoal.

É para pessoas grandes, adultas, capazes de fazer o bem sem esperar recompensas, sem querer deixar seu nome na história ou estátuas em praças públicas.

Cuidando somos cuidados.

Ao cuidar das pessoas, da vida, das matas, das águas, da terra e das diversas formas de vida estamos simultaneamente sendo cuidados pelas outras pessoas, pela vida, pelas matas, pelas águas, pela terra e pelas diversas formas de vida.

Eu não tenho respostas definitivas, verdades absolutas e pontos de vista fixos pelos quais queira morrer e/ou matar.

Procuro pela cura, pesquiso, questiono, tento, experimento, partilho, estudo, converso, leio, assisto e participo da era em que vivo como mulher da espécie humana.

Sei o que sei e o que sei é pouco.

O que sei pode se modificar para o que não sei a qualquer momento.

O não sei pode se transformar em sabedoria.

O não saber é pleno de possibilidades, aberto a ouvir, ver, perceber, compreender, entender e agir com sabedoria e tato.

Não julgue tanto a si mesmo e aos outros.

Procure entender mais e transformar os males, as doenças, as divisões, abusos, dores em bens, curas, integridades, respeito e prazer na existência.

A jornada é longa e intrincada.

13

Minha filhinha pequena, linda, sorrindo, de pernas grossas e cabelos lisos me mostrou a beleza da vida. Eu, que gostava de escrever histórias infantis para ela, ouvi suas histórias dos dois anjinhos: um do bem e outro do mal. Eram até amiguinhos, mas nós podíamos escolher. Não me lembro dos detalhes, mas me lembro dela me contando. Eu deitada na cama e ela sentadinha ao meu lado.

O pai dela, já separado de mim desde a gravidez, viera nos visitar. Viajaria no dia seguinte para Monza. Trabalhava para a TV Globo e iria cobrir a corrida de Fórmula 1. Saímos os três para dar uma volta em seu Porsche prateado. Carro esporte. Ele guiava, eu no assento da passageira e a nossa filhinha no banco de trás.

Ele me trouxera um presente, uma blusa de veludo preta, com pequenos espelhos presos por linhas de bordar coloridas. A menina adormeceu. Ele a carregou até a cama e deu-lhe um beijinho. Foi ao banheiro para lavar as mãos, com a porta aberta. O espelho em cima da pia havia sido removido e, ao olhar esperando ver sua imagem, nada havia, apenas o cimento cinza. Assustou-se.

Fui até a porta da rua. Ele, pela centésima vez desde a nossa separação, me perguntou se eu não queria voltar a me relacionar com ele. Apenas olhei. Tantas vezes repetiu a mesma frase e depois desapareceu por meses.

Segurou minhas mãos e perguntou se eu não gostaria de viajar com ele para Monza. Poderíamos ir juntos e recomeçar nossa vida em comum...

Não aceitei.

Pela primeira vez, desde que havíamos nos separado, ele me deu um delicado beijo nos lábios.

Despedida.

Alguns dias depois me telefonam da redação do *Jornal da Tarde*: "O Scavone morreu".

Estava no avião que caiu nas proximidades de Orly.

O voo que não fui.

Não era o meu.

Saí pela porta da cozinha e olhei para o céu azul-escuro. Uma estrela forte brilhava. Era dia 14 de julho de 1971 e ele tinha 33 anos de idade. Trinte e três era o número de seu carro de corrida, com o qual ele tivera um acidente grave e a partir disso deixou de correr. Já não era o mesmo. Passou a ter medo. Foi ser comentarista de corridas. Dizem que foi o grande incentivador para que houvesse Fórmula 1 no Brasil.

Quando os corpos das vítimas chegaram ao Brasil, os corpos dos acidentados, eu não quis ir ao velório nem deixei minha filha ir com minha mãe. Não quis vê-lo morto.

Com a pandemia, muitos não puderam realizar velórios.

Parecido com os familiares dos que morreram em acidentes graves.

Dos que morrem nas guerras e nos conflitos em países distantes.

Como podemos nos despedir respeitosamente de nossos mortos?

Meu avô materno era meu grande amor na infância. Também não fui ao seu velório e ao seu enterro. Há poucos anos fiz a exumação. Sua dentadura estava lá, sorrindo para mim. Vovô. A meia azul-marinho estava reta e ele havia se tornado um pó avermelhado.

"Somos pó e ao pó voltaremos", pela primeira vez essa frase fez sentido. Mesmo enterrado num caixão de madeira que foi encerrado dentro de tijolos e concreto, seu corpo virou pó cor de terra vermelha.

Tantas histórias, tantas alegrias, tantas tristezas se passaram.

Vovô recortava jornais e fazia bonequinhos com as mãos dadas.

Tirava-me dos castigos.

Contava e proseava sobre valentias e dignidades.

Estimulava o melhor em mim e provocava a transgressão. Nada de menina bonitinha e certinha, boazinha... Rebelde, correndo, questionando, declamando, provocando.

O luto.

Quando César, o pai dos Mutantes, morreu, os meninos não foram ao velório. Eu fui. Esperava encontrar meus primos Sérgio ou Arnaldo, com quem eu me relacionara mais intimamente. Não estiveram lá. Será que, como eu, não queriam ver o pai morto, mas manter a imagem dele vivo, escrevendo poesia, sendo gentil e amoroso com todos?

A cura do luto, das perdas.

Luto das mortes de seres humanos, mas também das mortes de plantas e animais nas matas ardentes, de fogos maciços ateados até de propósito ou resultado de desmatamentos.

Desmatamentos de seres incapazes de sentir e de pensar na necessidade das árvores, das matas, da diversidade das formas de vida que habitam por lá.

Gente que pensa em lucro e desenvolvimento.

Melhor do que desenvolver é se envolver, me ensinou um jovem paraense, em Coimbra, há dois ou três anos. Almoçávamos em um restaurante simples, de estudantes, em que senhores sem dentes serviam o mais delicioso bacalhau ao forno com batatas. O jovem alto estava numa pós-graduação e seu tema era envolvimento. Que despertar! Certamente era essa a resposta.

14

Hora de remendar, cerzir.

Um vaso quebrado tem mais valor quando restaurado do que um vaso novo.

O vaso quebrado conta uma história, tem memórias.

Paciência e persistência.

Procurar embaixo da mata queimada algum carvão em brasa.

Descobrir uma criança viva sob os escombros de um terremoto.

Pesquisar doenças e curas.

Vacinas e remédios, testes e mais testes.

"O que não tem remédio, remediado está."

É uma frase também repetida no Japão.

Gostaria de mudar para:

"O que não tem remédio, remédio terá."

Não desistir, procurar, criar causas e condições para que haja cura, recuperação, transformação.

Criar círculos de cooperação inter-religiosa para a cura da Terra.

Criar grupos de pessoas que se importam com as crianças do Amapá, cobertas de moscas e mosquitos nas palafitas. Na escuridão, dorme, menina dorme.

A pandemia fecha, pela segunda vez, muitas cidades na Europa.

Tristeza ao me ver e a ver tantas pessoas encerradas em suas casas.

Convívio virtual é parcial.

Falta o cheiro, falta o gesto que a tela não revela, os pés, as mãos, os movimentos sutis que comunicam, explicam e falam mais do que as palavras.

Quero brincar com meus bisnetos.

Adoro brincar com eles.

Qualquer brincadeira é boa.

Sentar no chão, ficar pertinho.

Não precisa agarrar, beijar, cheirar.

Basta ouvir o riso e o pranto, a voz e o encanto da infância.

Saudades, tantas.

Estão longe, crescendo, trocando dentes. O menorzinho pega o celular porque quer me tocar.

Também quero estar perto.

Mas não podemos.

A liberdade é preciosa. Ser livre para ir e vir.

E não podemos ir e vir livremente.

Medo das doenças, do contágio.

Máscaras lisas e máscaras coloridas. Mundo de mascarados como num grande baile trágico de um Carnaval macabro.

Vacinas sendo testadas, já na terceira fase, enquanto uma segunda onda de contaminação e mortes se levanta. Testaram de forma errada. Como isso pode acontecer? Aconteceu. Recomeçamos. Essa vacina vai demorar um pouco mais. Quem errou e deu meia dose? Por que nas pessoas acima de 60 anos de idade, que tomaram dose inteira, o resultado foi inferior aos mais jovens que só tomaram meia dose?

Não se faz ciência assim.

Uma vez participei de uma pesquisa científica.

Fiquei estarrecida quando, no último grupo a ser comparado, com um grupo de pacientes oncológicos (supostamente os que não estavam em tratamento), o comportamento dos cientistas pesquisadores mudou.

Podiam conversar, davam chocolate escondido... Tinham entrevistas especiais com o médico que acompanhou o grupo... O médico, assim me explicaram, iria apenas para alguma emergência.

Fiquei envergonhada.

Fui considerada a bruxa malvada.

Ninguém queria meditar ou ficar em silêncio.

Mas, os grupos anteriores, a serem comparados, mantiveram o silêncio combinado, não tiveram mimos nem cuidados extraordinários.

Estariam essas pessoas testando ou procurando manter seus/suas clientes satisfeitas?

Claro que não somos todos iguais. Por isso mesmo a dose da vacina precisa ser a mesma. Como avaliar se a cada grupo vamos modificar a testagem, a dosagem?

Estamos fechando o ano de 2020 e ela, a Covid-19, ainda não mudou de nome. Deveria ser Covid-20.

O vírus, já em mutação, não é o mesmo de antes.

Nós não somos os mesmos.

Tudo muda, tudo transmuta e nós podemos encontrar as vacinas capazes, os remédios e as doses adequados para que haja ternura, saúde, compostura, numa sociedade tão carente de um bem-estar permanente.

Repentista eu não sou,

mas quem escreve é a mente.

Será que a rima estraga

Um texto e o desqualifica?

Ou será que agrega valores e tudo retifica?

Andar reto por caminho curvo é obra de zen-budista.

15

Certa ocasião fui visitar a cidade de Marília, onde há um grupo grande de imigrantes japoneses e descendentes. Fui fazer uma palestra, em japonês, e oficiar uma liturgia por todos os mortos. As celebrações para todos os mortos são feitas em julho ou em agosto. Logo, deveria ser nessa época.

O salão de festas de um clube da colônia japonesa estava enfeitado com muitas bandeiras coloridas, havia um altar com ofertas variadas de alimentos, frutas, verduras. Filas e filas de cadeiras montadas. Antes da cerimônia, um grupo de senhoras e senhores japoneses havia pedido para receber os Preceitos Budistas – uma cerimônia em que se comprometem publicamente, em frente a Buda, que viverão de forma ética, seguindo os ensinamentos da tradição:

1   Não fazer o mal.
2   Fazer o bem.
3   Fazer o bem a todos os seres.

Na prática, são dez Preceitos:

1   Não matar.
2   Não roubar.
3   Não abusar da sexualidade.
4   Não mentir.
5   Não negociar intoxicantes.
6   Não falar dos erros e faltas alheios.
7   Não se elevar e rebaixar os outros.
8   Não ser movido pela ganância.
9   Não ser controlado pela raiva.
10 Não falar mal de Buda, Darma e Sanga.

A cerimônia foi toda em japonês e eu me senti importante, pois, no Japão, só havia participado de cerimônias semelhantes e a transmissão dos Preceitos era sempre feita por grandes mestres e mestras zen.

Encerrada a celebração, um senhor de quase 90 anos se aproximou de mim e relatou o seguinte: "Eu tenho uma ferida brava. Sabe o que é isso? É uma ferida que não cura, não fecha. Fiz de tudo. Tomei remédios alopáticos e homeopáticos. Nada. Fui aos centros de umbanda e candomblé, procurei entre os pajés. Usei folhas e tomei chás. Depois de anos concluí: para que lutar contra ela?

A ferida é minha parceira. Há momentos em que quase se fecha. Outros em que se abre e arde. Aprendi a conviver. Assim estamos juntos há mais de cinquenta anos. Desisti da cura. E, monja, talvez a cura seja esta: conviver com o que não podemos curar".

A cura termina quando a pessoa se torna sã, íntegra, firme ou quando morre.

Há situações e doenças incuráveis. Com estas convivemos.

Queremos nos transformar, nos comprometemos a não matar, roubar, abusar do sexo, mentir, falar dos outros, achar-se melhor do que os outros, deixar-se levar pela ganância, permitir que a raiva o controle e, finalmente, a grande falta: desprezar as comunidades budistas, seus e suas praticantes, os ensinamentos e duvidar do próprio Buda.

Ora, nem sempre conseguimos manter todos os Preceitos.

Falhamos, erramos.

Mas tornamos a nos comprometer.

Não é que nos tornaremos outras pessoas.

Podemos nos tornar nós mesmos.

Reconhecer nossas fraquezas e nossas forças.

Conviver conosco, sem a expectativa de nos tornarmos perfeitos, mas buscando a perfeição.

Nunca me esqueci do encontro com aquele senhor japonês.

Pelo que teria passado até encontrar a si mesmo?

Quando deixamos de fingir para nós mesmos, quando deixamos de procurar o milagre, a cura de todos os males, quando percebemos nossa pequenez e insuficiência, quando nos sentimos sós e sem esperança, quando exaurimos todas as possibilidades de nos tornarmos seres especiais, chegamos em casa.

Chegamos em nós mesmos e nos reconhecemos tão frágeis como a rosa do Pequeno Príncipe.

Defendemo-nos das garras das feras com nossos pequeninos espinhos e descobrimos que não há defesa, pois não houve ataque.

Quando nos conhecemos intimamente sabemos que já fomos curadas, curados e, ainda assim, somos vulneráveis e podemos cair em tentação.

O que é cair em tentação?

Seria o *Crime do Padre Amaro*, de Eça de Queirós? Seria o assassinato, o roubo, o sequestro, a violência sexual?

Crianças sendo abusadas por adultos.

Adultos vendendo seus bebês por um pouco de água.

Há anos, numa emissora de TV da Índia, vi uma delegada de polícia explicava à sua entrevistadora: "A mãe ou o pai que vende um dos filhos não pode ser considerado um monstro. O dinheiro que receberá alimentará os outros todos. Claro que sofrem. Pensaram muito, consideraram muito qual dos filhos entregariam para manter os outros vivos? Fome e miséria doem".

Por que nós, seres humanos, podemos ser tão cruéis?

Há cura para as maldades humanas?

Para o trauma do abuso, da sova, do quebrar ossos e dentes, do queimar a pele com neve ou com brasa?

Fazer o bem, sem olhar a quem – será?

Olhamos e aguardamos um olhar agradecido.

Muitas vezes recebemos um olhar raivoso de volta.

Por quê?

Temos que nos lembrar de que nós, seres humanos, também podemos ser bons.

Tudo é possível. Se curarmos a mente humana.

Ela é a única possibilidade da sobrevivência da humanidade.

O despertar da consciência que nos faz reconhecer a grande unidade acabará com abusos e guerras, desfalques e traições.

Seremos amigos da Terra.

Deixaremos de ser os vilões.

Do despertar surge o cuidado, o respeito, a humildade, nossa capacidade de apreciar a vida em sua multiplicidade de formas e aspectos.

Absoluto e relativo funcionam em harmonia.

O todo é a parte.

A parte é o todo manifesto.

Com isso, findam as guerras e o medo.

Liberdade.

Seria lindo se assim fosse.

Temos muito caminho a andar.

A cura sempre nos espreita, mas é preciso que saibamos abrir a porta e recebê-la.

Ela é amiga do cuidado, que a acompanha de perto.

Quando permitimos que adentrem nos nossos templos sagrados, tudo se transforma.

Percebemos o milagre da vida-morte.

O transformar incessante e fluímos com o fluir do todo.
Sentimo-nos pertencentes e participantes.
Curando somos curados.
Cuidando somos cuidados.
Que logo possamos todos receber as diversas vacinas testadas e aprovadas.
Sem sequelas poderemos tirar as máscaras.
Das faces falsas e das faces verdadeiras de dor, tristeza, amor e alegria.
Revelar nossas faces verdadeiras, reconhecer a essência do ser no interser coletivo e compassivo.
Que todos os seres possam despertar.
Que a sabedoria e a compaixão prevaleçam.
Que saibamos apreciar a jornada cuidando de cada etapa.
Que a cura se manifeste livre e solta, completa.
Que todos se beneficiem.
Medite.

Mãos em prece,
Monja Coen

**Acreditamos
nos livros**

Este livro foi composto em Adobe Garamond
Pro e impresso pela Gráfica Santa Marta para a
Editora Planeta do Brasil em abril de 2021.